Friedrich Schröder
Hänsel und Gretel

Bibliografische Information der Deutschen Nationalbibliothek
Die Deutsche Nationalbibliothek verzeichnet diese Publikation in der Deutschen Nationalbibliografie; detaillierte bibliografische Daten sind im Internet über http://dnb.d-nb.de abrufbar.

Version 1.02
Umschlaggestaltung, Grafik und Layout: Dr. Lutz Müller
Herstellung: Book on Demand GmbH., Norderstedt

ISBN: 978-3-939322-12-2

Friedrich Schröder

Hänsel und Gretel

Die Verzauberung durch die Große Mutter

opus magnum

Dr. phil. Friedrich Schröder
Literaturwissenschaftler, Kulturhistoriker,
Erwachsenenpädagoge, Märchenforscher
und tiefenpsychologischer Interpret. Er lebt in Mannheim.

Bisherige Veröffentlichungen bei opus magnum:
Die Nixe im Teich. Tiefenpsychologische Interpretationen.
Siddhartha - Suche nach Erleuchtung

Weitere Veröffentlichungen siehe: www.opus-magnum.de

Inhalt

Danksagung

Für geistige Inspiration, seelische Ermutigung,
praktische Unterstützung oder sonstige Hilfen
danke ich sehr herzlich

Frau Ann-Kathrin Ast
Frau Beatrice Balke
Frau Annemarie Berthold
Frau Ilona Dietsch
Herrn Dr. Rainer Funk
Herrn Jakob Gander
Herrn Dr. Marcus Jäger
Frau Barbara Jeschek-Sborowitz
Frau Gisela Kerntke
Frau Prof. Dr. Dr. Ingrid Riedel
Herrn Dr. Rudi Schweikert
Herrn Georg Spindler
Frau Elisabeth Stulken
Herrn Dek. Johannes Theil
Herrn Pfr. Dr. Klaus von Zedtwitz
und Herrn Klaus Zimmermann.

Mein besonderer Dank gilt Herrn Dr. Lutz Müller, der mir die Veröffentlichung meiner Abhandlung ermöglicht hat, und Herrn Andreas Scheibner, der einen Großteil der Arbeit auf selbstlose Weise per Textverarbeitung zu Papier gebracht hat.

Einleitung

Das Märchen „Hänsel und Gretel“ wurde von den Brüdern Grimm schon früh, 1812, in ihre Sammlung „Kinder- und Hausmärchen“ (KHM) aufgenommen und entwickelte sich bald zu einer ihrer bekanntesten Wundergeschichten, die besonders bei Kindern beliebt war. Deshalb hat es bis heute zahlreiche Autoren, vornehmlich aus den Bereichen der Psychologie, Psychotherapie und Pädagogik, zu vielen höchst unterschiedlichen Deutungen angeregt.

Nun geht es dem Verfasser der vorliegenden Arbeit nicht nur einfach darum, diese ganzen Aufsätze und Studien systematisch abzuhandeln, sondern auch darum, den Horizont der Interpretation für historische Hintergründe und entsprechende Auslegungsansätze zu erweitern, die dann ihrerseits die psychologischen Erörterungen ergänzen und gelegentlich sogar vertiefen können.

Die Begegnung der beiden Geschwister mit der Hexe ist der Höhe- und Wendepunkt des Märchens. Daher wenden sich die folgenden Ausführungen zunächst ausschließlich dieser zentralen Gestalt von „Hänsel und Gretel“ zu und werfen einen Blick auf ihr allgemeines Erscheinen in Mythologie, Geschichte und Volkskunde. Die eigentliche Beschäftigung mit dem Märchen beginnt mit einer Darlegung der wichtigsten Forschungsergebnisse aus dem Bereich der Literaturwissenschaft. Religions- und sozialgeschichtliche Betrachtungsweisen ergänzen diese Perspektive. Daran schließt sich eine psychoanalytische Deutung der Erzählung an, die hauptsächlich von Sigmund Freuds Theorie geprägt ist, aber von Eugen Drewermann wesentliche Erweiterungen erfährt.

Den Abschluss der vorliegenden Arbeit bildet als Hauptteil die Interpretation des Märchens unter der Perspektive der Analytischen Psychologie Carl Gustav Jungs, die aber auch durch mythologische, ethnologische und symbolgeschichtliche Gesichtspunkte angereichert bzw. amplifiziert wird.

1. Der Text des Märchens

Vor einem großen Walde wohnte ein armer Holzhacker mit seiner Frau und seinen zwei Kindern; das Bübchen hieß Hänsel und das Mädchen Gretel. Er hatte wenig zu beißen und zu brechen, und einmal, als große Teuerung ins Land kam, konnte er auch das täglich Brot nicht mehr schaffen.

Wie er sich nun abends im Bette Gedanken machte und sich vor Sorgen herumwälzte, seufzte er und sprach zu seiner Frau »was soll aus uns werden? wie können wir unsere armen Kinder ernähren, da wir für uns selbst nichts mehr haben?« »Weißt du was, Mann,« antwortete die Frau, »wir wollen Morgen in aller Frühe die Kinder hinaus in den Wald führen, wo er am dicksten ist: da machen wir ihnen ein Feuer an und geben jedem noch ein Stückchen Brot, dann gehen wir an unsere Arbeit und lassen sie allein. Sie finden den Weg nicht wieder nach Haus, und wir sind sie los.« »Nein, Frau,« sagte der Mann, »das tue ich nicht; wie sollt ichs übers Herz bringen, meine Kinder im Walde allein zu lassen, die wilden Tiere würden bald kommen und sie zerreißen.« »O du Narr,« sagte sie, »dann müssen wir alle viere Hungers sterben, du kannst nur die Bretter für die Särge hobeln,« und ließ ihm keine Ruhe, bis er einwilligte. »Aber die armen Kinder dauern mich doch«, sagte der Mann.

Die zwei Kinder hatten vor Hunger auch nicht einschlafen können und hatten gehört, was die Stiefmutter zum Vater gesagt hatte. Gretel weinte bittere Tränen und sprach zu Hänsel »nun ists um uns geschehen.« »Still, Gretel,« sprach Hänsel, »gräme dich nicht, ich will uns schon helfen.« Und als die Alten eingeschlafen waren, stand er auf, zog sein Röcklein an, machte die Untertüre auf und schlich sich hinaus. Da schien der Mond ganz helle, und die weißen Kieselsteine, die vor dem Haus lagen, glänzten wie lauter Batzen. Hänsel bückte sich und steckte so viel in sein Rocktäschlein, als nur hinein wollten. Dann ging er wieder zurück, sprach zu Gretel »sei getrost, liebes Schwesterchen und schlaf nur ruhig ein, Gott wird uns nicht verlassen«, und legte sich wieder in sein Bett.

Als der Tag anbrach, noch ehe die Sonne aufgegangen war, kam schon die Frau und weckte die beiden Kinder, »steht auf, ihr Faulenzer, wir wollen in den Wald gehen und Holz holen.« Dann gab sie jedem ein Stückchen Brot und sprach »da habt ihr etwas für den Mittag, aber eßts nicht vorher auf, weiter kriegt ihr nichts.« Gretel nahm das Brot unter die Schürze, weil Hänsel die Steine in der Tasche hatte.

Danach machten sie sich alle zusammen auf den Weg nach dem Wald. Als sie ein Weilchen gegangen waren, stand Hänsel still und guckte nach dem Haus zurück und tat das wieder und immer wieder. Der Vater sprach »Hänsel, was guckst du da und bleibst zurück, hab Acht und vergiß deine Beine nicht.« »Ach, Vater,« sagte Hänsel, »ich sehe nach meinem weißen Kätzchen, das sitzt oben auf dem Dach und will mir Ade sagen.« Die Frau sprach »Narr, das ist dein Kätzchen nicht, das ist die Morgensonne, die auf den Schornstein scheint.« Hänsel aber hatte nicht nach dem Kätzchen gesehen, sondern immer einen von den blanken Kieselsteinen aus seiner Tasche auf den Weg geworfen.

Als sie mitten in den Wald gekommen waren, sprach der Vater »nun sammelt Holz, ihr Kinder, ich will ein Feuer anmachen, damit ihr nicht friert.« Hänsel und Gretel trugen Reisig zusammen, einen kleinen Berg hoch. Das Reisig ward angezündet, und als die Flamme recht hoch brannte, sagte die Frau »nun legt euch ans Feuer, ihr Kinder und ruht euch aus, wir gehen in den Wald und hauen Holz. Wenn wir fertig sind, kommen wir wieder und holen euch ab.«

Hänsel und Gretel saßen am Feuer, und als der Mittag kam, aß jedes sein Stücklein Brot. Und weil sie die Schläge der Holzaxt hörten, so glaubten sie ihr Vater wäre in der Nähe. Es war aber nicht die Holzaxt, es war ein Ast, den er an einen dürren Baum gebunden hatte und den der Wind hin und her schlug. Und als sie so lange gesessen hatten, fielen ihnen die Augen vor Müdigkeit zu, und sie schliefen fest ein. Als sie endlich erwachten, war es schon finstere Nacht. Gretel fing an zu weinen und sprach »wie sollen wir nun aus dem Wald kommen!« Hänsel aber tröstete sie, »wart nur ein Weilchen, bis der Mond aufgegangen ist, dann wollen wir den Weg schon finden.«

Und als der volle Mond aufgestiegen war, so nahm Hänsel sein Schwesterchen an der Hand und ging den Kieselsteinen nach, die schimmerten wie neu geschlagene Batzen und zeigten ihnen den Weg. Sie gingen die ganze Nacht hindurch und kamen bei anbrechendem Tag wieder zu ihres Vaters Haus. Sie klopften an die Tür, und als die Frau aufmachte und sah, daß es Hänsel und Gretel war, sprach sie »ihr bösen Kinder, was habt ihr so lange im Walde geschlafen, wir haben geglaubt ihr wolltet gar nicht wieder kommen.« Der Vater aber freute sich, denn es war ihm zu Herzen gegangen, daß er sie so allein zurück gelassen hatte.

Nicht lange danach war wieder Not in allen Ecken, und die Kinder hörten, wie die Mutter Nachts im Bette zu dem Vater sprach »alles ist wieder aufgezehrt, wir haben noch einen halben Laib Brot, hernach hat das Lied ein Ende. Die Kinder müssen fort, wir wollen sie tiefer in den Wald hineinführen, damit sie den Weg nicht wieder heraus finden; es ist sonst keine Rettung für uns.« Dem Mann fiels schwer aufs Herz und er dachte »es wäre besser, daß du den letzten Bissen mit deinen Kindern teiltest.« Aber die Frau hörte auf nichts, was er sagte, schalt ihn und machte ihm Vorwürfe. Wer A sagt, muß auch B sagen, und weil er das erste Mal nachgegeben hatte, so mußte er es auch zum zweiten Mal.

Die Kinder waren aber noch wach gewesen und hatten das Gespräch mit angehört. Als die Alten schliefen, stand Hänsel wieder auf, wollte hinaus und Kieselsteine auflesen, wie das vorigemal, aber die Frau hatte die Tür verschlossen, und Hänsel konnte nicht heraus. Aber er tröstete sein Schwesterchen und sprach »weine nicht, Gretel, und schlaf nur ruhig, der liebe Gott wird uns schon helfen.«

Am frühen Morgen kam die Frau und holte die Kinder aus dem Bette. Sie erhielten ihr Stückchen Brot, das war aber noch kleiner als das vorigemal. Auf dem Wege nach dem Wald bröckelte es Hänsel in der Tasche, stand oft still und warf ein Bröcklein auf die Erde. »Hänsel, was stehst du und guckst dich um,«sagte der Vater, »geh deiner Wege.« »Ich sehe nach meinem Täubchen, das sitzt auf dem Dache und will mir Ade sagen,« antwortete Hänsel. »Narr,« sagte die Frau, »das ist dein Täubchen nicht, das ist die Morgensonne, die auf den Schornstein oben scheint.« Hänsel aber warf nach und nach alle Bröcklein auf den Weg.

Die Frau führte die Kinder noch tiefer in den Wald, wo sie ihr Lebtag noch nicht gewesen waren. Da ward wieder ein großes Feuer angemacht, und die Mutter sagte »bleibt nur da sitzen, ihr Kinder, und wenn ihr müde seid, könnt ihr ein wenig schlafen: wir gehen in den Wald und hauen Holz, und Abends, wenn wir fertig sind, kommen wir und holen euch ab.« Als es Mittag war, teilte Gretel ihr Brot mit Hänsel, der sein

Stück auf den Weg gestreut hatte. Dann schliefen sie ein, und der Abend verging, aber niemand kam zu den armen Kindern. Sie erwachten erst in der finstern Nacht, und Hänsel tröstete sein Schwesterchen und sagte, »wart nur, Gretel, bis der Mond aufgeht, dann werden wir die Brotbröcklein sehen, die ich ausgestreut habe, die zeigen uns den Weg nach Haus.« Als der Mond kam, machten sie sich auf, aber sie fanden kein Bröcklein mehr, denn die viel tausend Vögel, die im Walde und im Felde umherfliegen, die hatten sie weggepickt. Hänsel sagte zu Gretel »wir werden den Weg schon finden,« aber sie fanden ihn nicht. Sie gingen die ganze Nacht und noch einen Tag von Morgen bis Abend, aber sie kamen aus dem Wald nicht heraus, und waren so hungrig, denn sie hatten nichts als die paar Beeren, die auf der Erde standen. Und weil sie so müde waren, daß die Beine sie nicht mehr tragen wollten, so legten sie sich unter einen Baum und schliefen ein.

Nun wars schon der dritte Morgen, daß sie ihres Vaters Haus verlassen hatten. Sie fingen wieder an zu gehen, aber sie gerieten immer tiefer in den Wald, und wenn nicht bald Hilfe kam, so mußten sie verschmachten. Als es Mittag war, sahen sie ein schönes schneeweißes Vöglein auf einem Ast sitzen, das sang so schön, daß sie stehen blieben und ihm zuhörten. Und als es fertig war, schwang es seine Flügel und flog vor ihnen her, und sie gingen ihm nach, bis sie zu einem Häuschen gelangten, auf dessen Dach es sich setzte, und als sie ganz nah heran kamen, so sahen sie daß das Häuslein aus Brot gebaut war, und mit Kuchen gedeckt; aber die Fenster waren von hellem Zucker.

»Da wollen wir uns dran machen,« sprach Hänsel, »und eine gesegnete Mahlzeit halten. Ich will ein Stück vom Dach essen, Gretel, du kannst vom Fenster essen, das schmeckt süß.« Hänsel reichte in die Höhe und brach sich ein wenig vom Dach ab, um zu versuchen wie es schmeckte, und Gretel stellte sich an die Scheiben und knuperte daran. Da rief eine feine Stimme aus der Stube heraus

»knuper, knuper, kneischen,
wer knupert am meinem Häuschen?«

die Kinder antworteten:

»Der Wind, der Wind,
das himmlische Kind,«

und aßen weiter, ohne sich irre machen zu lassen.

Hänsel, dem das Dach sehr gut schmeckte, riß sich ein großes Stück davon herunter, und Gretel stieß eine ganze runde Fensterscheibe heraus, setzte sich nieder, und tat sich wohl damit.

Da ging auf einmal die Türe auf, und eine steinalte Frau, die sich auf eine Krücke stützte, kam heraus geschlichen. Hänsel und Gretel erschraken so gewaltig, daß sie fallen ließen, was sie in den Händen hielten. Die Alte aber wackelte mit dem Kopfe und sprach »ei, ihr lieben Kinder, wer hat euch hierher gebracht? Kommt nur herein und bleibt bei mir, es geschieht euch kein Leid.« Sie faßte beide an der Hand und führte sie in ihr Häuschen. Da ward gutes Essen aufgetragen, Milch und Pfannekuchen mit Zucker, Äpfel und Nüsse. Hernach wurden zwei schöne Bettlein weiß gedeckt, und Hänsel und Gretel legten sich hinein und meinten sie wären im Himmel.

Die Alte halte sich nur so freundlich angestellt, sie war aber eine böse Hexe, die den Kindern auflauerte, und hatte das Brothäuslein bloß gebaut, um sie herbeizulocken. Wenn eins in ihre Gewalt kam, so machte sie es tot, kochte es und aß es, und das war ihr ein Festtag. Die Hexen haben rote Augen und können nicht weit sehen, aber sie haben eine feine Witterung, wie die Tiere, und merkens, wenn Menschen herankommen. Als Hänsel und Gretel in ihre Nähe kamen, da lachte sie boshaft und sprach höhnisch »die habe ich, die sollen mir nicht wieder entwischen.« Früh morgens, ehe die Kinder erwacht waren, stand sie schon auf, und als sie beide so lieblich ruhen sah, mit den vollen roten Backen, so murmelte sie vor sich hin »das wird ein guter Bissen werden.« Da packte sie Hänsel mit ihrer dürren Hand und trug ihn in einen kleinen Stall und sperrte ihn mit einer Gittertür ein: er mochte schreien, wie er wollte, es half ihm nichts. Dann ging sie zur Gretel, rüttelte sie wach und rief »steh auf, Faulenzerin, trag Wasser und koch deinem Bruder etwas gutes, der sitzt draußen im Stall und soll fett werden. Wenn er fett ist, so will ich ihn essen.« Gretel fing an, bitterlich zu weinen, aber es war alles vergeblich, sie mußte tun was die böse Hexe verlangte.

Nun ward dem armen Hänsel das beste Essen gekocht, aber Gretel bekam nichts als Krebsschalen. Jeden Morgen schlich die Alte zu dem Ställchen und rief »Hänsel, streck deine Finger heraus, damit ich fühle ob du bald fett bist.« Hänsel streckte ihr aber ein Knöchlein heraus, und die Alte, die trübe Augen hatte, konnte es nicht sehen, und meinte es wären Hänsels Finger, und verwunderte sich, daß er gar nicht fett werden wollte.

Als vier Wochen herum waren und Hänsel immer mager blieb, da übernahm sie die Ungeduld, und sie wollte nicht länger warten. »Heda, Gretel,« rief sie dem Mädchen zu, »sei flink und trag Wasser: Hänsel mag fett oder mager sein, morgen will ich ihn schlachten und kochen. Ach, wie jammerte das arme Schwesterchen, als es das Wasser tragen mußte, und wie flossen ihm die Tränen über die Backen herunter! »Lieber Gott, hilf uns doch,« rief sie aus, »hätten uns nur die wilden Tiere im Wald gefressen, so wären wir doch zusammen gestorben.« »Spar nur dein Geblärre,« sagte die Alte, »es hilft dir alles nichts.«

Früh morgens mußte Gretel heraus, den Kessel mit Wasser aufhängen und Feuer anzünden. »Erst wollen wir backen« sagte die Alte, »ich habe den Backofen schon eingeheizt und den Teig geknetet. Sie stieß das arme Gretel hinaus zu dem Backofen, aus dem die Feuerflammen schon herausschlugen. »Kriech hinein,« sagte die Hexe, »und sieh zu ob recht eingeheizt ist, damit wir das Brot hineinschießen können.« Und wenn Gretel darin war, wollte sie den Ofen zumachen, und Gretel sollte darin braten, und dann wollte sies auch aufessen.

Aber Gretel merkte, was sie im Sinn hatte, und sprach »ich weiß nicht wie ichs machen soll; wie komm ich da hinein?« »Dumme Gans,« sagte die Alte, »die Öffnung ist groß genug, siehst du wohl, ich könnte selbst hinein,« krappelte heran und steckte den Kopf in den Backofen. Da gab ihr Gretel einen Stoß, daß sie weit hinein fuhr, machte die eiserne Tür zu und schob den Riegel vor. Hu! da fing sie an zu heulen, ganz grauselich; aber Gretel lief fort, und die gottlose Hexe mußte elendiglich verbrennen.

Gretel aber lief schnurstracks zum Hänsel, öffnete sein Ställchen und rief »Hänsel, wir sind erlöst, die alte Hexe ist tot.« Da sprang Hänsel heraus, wie ein Vogel aus dem Käfig, wenn ihm die Türe aufgemacht wird. Wie haben sie sich gefreut, sind sich um den Hals gefallen, sind herumgesprungen und haben sich geküßt! Und weil sie sich nicht mehr zu fürchten brauchten, so gingen sie in das Haus der Hexe hinein, da standen in allen Ecken Kasten mit Perlen und Edelsteinen. »Die sind noch besser als Kieselsteine« sagte Hänsel und steckte in seine Taschen, was hinein wollte, und Gretel sagte »Ich will auch etwas mit nach Haus bringen« und füllte sich sein Schürzchen voll. »Aber jetzt wollen wir fort,« sagte Hänsel, »damit wir aus dem Hexenwald herauskommen.«

Als sie aber ein paar Stunden gegangen waren, gelangten

sie an ein großes Wasser. »Wir können nicht hinüber,« sprach Hänsel, »ich seh keinen Steg und keine Brücke.« »Hier fährt auch kein Schiffchen,« antwortete Gretel, »aber da schwimmt eine weiße Ente, wenn ich die bitte, so hilft sie uns hinüber.« Da rief sie

»Entchen, Entchen,
da steht Gretel und Hänsel.
Kein Steg und keine Brücke,
nimm uns auf deinen weißen Rücken.«

Das Entchen kam auch heran, und Hänsel setzte sich auf und bat sein Schwesterchen, sich zu ihm zu setzen. »Nein,« antwortete Gretel, »es wird dem Entchen zu schwer, es soll uns nach einander hinüber bringen.« Das tat das gute Tierchen, und als sie glücklich drüben waren und ein Weilchen fortgingen, da kam ihnen der Wald immer bekannter und immer bekannter vor, und endlich erblickten sie von weitem ihres Vaters Haus. Da fingen sie an zu laufen, stürzten in die Stube hinein und fielen ihrem Vater um den Hals. Der Mann hatte keine frohe Stunde gehabt, seitdem er die Kinder im Walde gelassen hatte, die Frau aber war gestorben. Gretel schüttete sein Schürzchen aus, daß die Perlen und Edelsteine in der Stube herumsprangen, und Hänsel warf eine Handvoll nach der andern aus seiner Tasche dazu. Da hatten alle Sorgen ein Ende, und sie lebten in lauter Freude zusammen. Mein Märchen ist aus, dort lauft eine Maus, wer sie fängt, darf sich eine große große Pelzkappe daraus machen.[1]

Illustration zum Märchen von Hänsel und Gretel,
Ludwig Richter, ca. 1850

2. Geistesgeschichtliche Interpretation der Hexengestalt

Zunächst sei die Herkunftsgeschichte des Hexenbegriffs kurz skizziert. Das Wort hat seinen Ursprung im Westgermanischen und verbreitet sich auch nur in diesem Sprachgebiet. Im Mittelniederländischen und Altenglischen finden sich parallele Bildungen, wie „haghetisse“ und „haegtesse“. Das Althochdeutsche kennt neben den Formen „hagzissa“ und „hagzus“ vor allem die Zusammensetzung „hagazussa“, aus der sich dann im Mittelhochdeutschen „hesse“ und „hecse“ weiterentwickeln. Die erste Silbe dieses Kompositums, nämlich „hag-“, hat ihre Fortsetzung in dem heute noch existierenden maskulinen Substantiv „Hag“, das vor allem „Zaun, Hecke, Gehege“ bedeutet, aber gerade auch in Verbindung mit den Wortparallelen „hegen“ und „Hain“ als „Umzäunung, Einhegung, Einfriedung, umfriedeter Ort, abgegrenzter Wald, Waldgrundstück“ aufgefasst werden kann.

Der zweite Bestandteil von „hagazussa“, also „- zussa“, stammt von dem gallisch-lateischen Ausdruck „dusia“ ab, der die feminine Form von „dusius“ ist und eine kleine, untergeordnete Gottheit, den „weiblichen Schutzgeist eines Ortes“, aber auch eine „gespenstische Dämonin“ bezeichnet. Daneben gibt es noch altisländisch „tunritha“, oberdeutsch „zunrite“ und niederdeutsch „walriderske“ in der Bedeutung von „Zaunreiterin“. In diesem Zusammenhang wäre noch auf das englische Substantiv „hag“ als „hässliches altes Weib, Scheusal“ und auf das norwegische Mundartwort „tysja“ als „verkrüppelte oder zerzauste Frau, Elfe“ hinzuweisen.

Einerseits wäre also die Hexe – negativ gesehen – ein sich auf Zäunen oder Hecken aufhaltendes dämonisches Wesen, eine Zaunreiterin oder Heckenfee. Andererseits könnte man sie – aus einem positiven Blickwinkel heraus – aber auch als Schutzgöttin eines heiligen umfriedeten Ortes verstehen, der meist im Wald liegt. Das Gehege, der Hag oder der Zaun markieren eine Grenze, die Innen- und Außenwelt trennt. Hier scheiden sich die Welt der normalen Realität und die Sphäre des spukhaften Übersinnlichen. Damit ist die „hagazussa" ein Wesen des Grenzbereiches zwischen dem Menschlichen und dem Göttlich-Dämonischen, zwischen dem Bewusstsein und dem Unbewussten, sowie zwischen Gut und Böse. Außerdem bezeichnen die Begriffe für Hexe und verwandte Gestalten in den ältesten Belegen entweder ein menschenfressendes Geschöpf, eine „liederliche Weibsperson" oder einen komödiantischen Spaßmacher.[2]

Die Existenz der „hagazussa" ist schon im vierten nachchristlichen Jahrhundert bezeugt. Aber der Glaube an sie und an die magischen Kräfte der Frauen überhaupt reicht weit in die Antike bis in die Zeiten des Matriarchats zurück.

Ursprünglich war die Hexe eine Priesterin der großen Muttergottheit. Als solche zeigte sie sich in ihrem Wesen ambivalent, d. h., sowohl helfend und heilend als auch bedrohend und vernichtend. Zwar wurde sie als Zauberin sehr gefürchtet, aber als Ratgeberin genoss sie großes Ansehen.

Die hinter ihr stehende Große Göttin der matriarchalen Vorzeit war Zerstörerin und Erneuerin zugleich, Todbringerin und Regeneratrix, die Gebieterin über die zyklische Lebenskraft, die Verkörperung des Winters und des Frühlings sowie die Mutter der Lebenden und der Toten. Sie entwickelte sich allmählich zur Hexe der Nacht und Magie und findet sich als solche im gesamten europäischen Volkstum wieder. Die „hagazussa" repräsentierte aber nach wie vor die Macht der Furcht einflößenden Göttin auf Erden. Sie konnte über Wetter, Sonne, Mond und Feuer herrschen, Wolken und Stürme entstehen lassen, Regen, Nebel und Hagel heraufbeschwören sowie als brennende Kugel am Himmel erscheinen. Bei den alten Griechen und Germanen fungierte sie vor allem als Hüterin von Orakelstätten oder sonst als Seherin und Prophetin.

Zu den wichtigsten Hexenattributen gehörte die Heilkunde. Die Priesterin war gleichzeitig auch Ärztin, begleitete z. B. als Walküre die Männer in den Kampf, pflegte und heilte die Verwundeten. Ihr magisches, heilkundliches Wissen um die Kräfte und das Wirken der Natur machten sie zur Herrin über Leben und Tod; Wachstums- und Fruchtbarkeitsrituale lagen in ihren Händen. So hatte die Hexe ursprünglich eine überwiegend positive Bedeutung und Funktion vor allem im Bezug auf die Ganzheit des Menschen und des Lebens.[3]

Die bekannteste Vorläuferin der „hagazussa" in der griechischen Antike dürfte Artemis gewesen sein, die in der römischen Mythologie Diana genannt wurde. Ursprünglich repräsentierte sie die Große Göttin der vorhomerischen matriarchalen Zeit in ihrem Aspekt als Lebensspenderin. Berge, Steine, Gewässer, Wälder und Tiere waren ihr untertan, und sie verkörperte die geheimnisvollen Kräfte der Existenz. Indem sie über Brunnen, Quellen und Heilwasser gebot, wirkte sie als wundertätige Heilerin und wurde als Herrin der Natur im Freien auf Berggipfeln verehrt.

Die allspendende Muttergöttin wandelte sich in der klassischen Zeit Homers zur jungfräulichen Jägerin mit eingeschränkter Weiblichkeit. Kalt, unfruchtbar und unnahbar geht sie mit ihrem Nymphengefolge unbeirrt ihren Weg durch die

Wälder und meidet konsequent alles, was mit Sexualität zu tun haben könnte. Sie tötet mit ihren Pfeilen nicht nur neugierige Jünglinge, sondern auch ganze Städte, deren ungerechte Menschen sie durch die Pest bestraft.

Die Verehrung der homerischen Artemis vermischte sich später mit dem Kult der kleinasiatischen Diana von Ephesos, die als Vegetations- und Fruchtbarkeitsgöttin auch mütterliche und erotische Züge trägt. Diese kosmische Magna Mater gebärt und ernährt alles Leben, nimmt es aber auch wieder zurück. Im Zentrum ihres Dienstes steht die „heilige Hochzeit", die einen wilden, ekstatischen, sexuell orgiastischen Charakter besitzt. Das Heiligtum in Ephesos war Wallfahrtsstätte für Hebammen und Frauen in Geburtsnöten. Noch einige Zeit später wurde diese Gottheit zur Schutzherrin der Haus- und Rechtlosen, der Huren und Hexen.

Die italische Diana vermischte sich mit der griechischen Artemis besonders in der ephesischen Form. Zunächst ist sie Lichtgöttin und erscheint als Jägerin mit der Fackel in der Hand. Sie beschirmt die Fruchtbarkeit im Tier- und Pflanzenbereich, nimmt sich in der menschlichen Sphäre besonders der Frauen mit ihren Problemen an und wehrt die Krankheiten ab. Später wurde sie mit der Mondgöttin Luna gleichgesetzt, herrschte damit auch über die Sterne und den Nachthimmel und gewann so kosmische Dimensionen. In dieser Funktion wurde Diana mit magischen Zauberformeln an Kreuzungen und in Höhlen angerufen. Ihr Kult kannte auch den Brauch, Zauberkräuter bei Nacht zu suchen, und breitete sich weit nach Norden bis Deutschland aus.[4]

Weniger bekannt als Artemis-Diana ist Hekate, die aber die prägnanteste Vorläuferin der späteren „hagazussa" in der Antike bildete. Ursprünglich war sie eine kleinasiatische Allgottheit, deren Kult von Karien nach Griechenland eingeführt wurde und sich zuerst in Thessalien entwickelte, dem klassischen Hexenland des Altertums.

Ihr war die Zahl „drei“ auf besondere Weise zugeordnet. Sie wurde als dreigestaltig beschrieben: mit dem Körper eines Löwen, eines Hundes und eines Pferdes, oder auch als dreigesichtig. Man wies ihr dreifache Scheidewege oder Kreuzungen zu, wo sie oft von Menschen beschworen wurde, die Zauber ausüben wollten. Hekate mit den drei Köpfen oder drei Gestalten symbolisiert den ternären Menstruationszyklus wie das kosmische Prinzip der regelmäßig wiederkehrenden Kreisläufe. Bei Hesiod erscheint sie als die ursprüngliche Dreifaltige Göttin, die im Himmel, auf Erden und im Tartaros herrschte. Ebenso besaß sie einen dreifachen Schlüssel, mit dem sie den Menschen die Tür in das sanfte Licht der elysischen Gefilde, in ein glückliches Dasein hier auf dieser Welt oder ins Dunkel des unterirdischen Schattenreiches aufsperren konnte.

Die Griechen vergaßen im Laufe der Zeit jedoch den schöpferischen Aspekt dieser umfassenden Gottheit und betonten immer mehr ihre zerstörerische Seite. So stürzte Hekate vom Gipfel der im Matriarchat allseits geschätzten „Himmelskönigin“ und „Erdenfürstin“ ins Dunkel der Unterwelt hinab und wurde im Patriarchat des Hellenismus einseitig zur Herrin von Spuk und Zauberei sowie zur Königin der Hexen und Geister.

In der Tradition von Kreta brachte man sie außerdem mit Demeter in Verbindung. Deren triadischer Charakter entfaltet sich im Jahreskreislauf zunächst als frühlingshaftes jungfräuliches Mädchen Kore, dann als sommerliche erotische Nymphe Persephone und schließlich als herbst-winterliche alte Weise Hekate.

Aber schon in den frühesten historischen Überlieferungen

wurde die Hexengöttin mit Artemis gleichgesetzt. Beide sind Jagdgefährtinnen und teilen sich bei gemeinsamen Unternehmungen ihre Hunde. Sie verkörpern eine lunare Gottheit des Lebenszyklus mit ihren zwei Aspekten: Die junge, reine und schöne Artemis steht am Anfang, die alte, grauenerregende und hässliche Hekate am Ende des Zyklus. Die eine wird mit dem beginnenden Leben, die andere mit dem Tod verknüpft. Erst spät in hellenistischer Zeit trat Hekate mit Selene-Luna in Verbindung und verschmolz dann bei den Römern mit der als Mondgöttin verehrten Diana. In dieser Form wurde sie weiter überliefert und blieb den christianisierten Völkern des frühen und späteren Mittelalters vertraut.[5]

In der nordischen Mythologie wird vor allem die Liebes- und Schönheitsgöttin Freyja („Herrscherin, Fürstin") mit ältesten Zeugnissen des Hexenglaubens in Zusammenhang gebracht. Sie übt die sog. „Seidkunst" aus, eine magische Praxis schamanistischer Prägung, bei der sie aus einem siedenden Kessel die Zukunft voraussieht und sonst allerlei Liebes-, Heil-, Wetter- und Schadenzauber wirkt. Außerdem besitzt sie ein Falken- und Schwanengewand, mit dem sie fliegen kann und sich als Herrin der Lüfte erweist. In diesem Kleid mischt sie sich in die Schlacht, bestimmt dort über Leben und Tod und nimmt die Gefallenen auf ihren Fittichen mit in die Welt des Jenseits.

Hier berührt sie sich mit der Unterweltsgöttin Hel. Das Grundwort, das hinter deren Namen steht, ist das Verb „heln", das ursprünglich „bergen" bedeutet und mit „Höhle" zusammenhängt. Die Germanen dachten sich das Totenreich „Nifelheim" („Nebelland") als einen ehrenvollen Ort der Geborgenheit für die Verstorbenen, die keine Qualen leiden mussten. Aus Hel entwickelte sich nach und nach die Gestalt der Frau Holle, die im deutschen Volksglauben eine große Rolle spielte, aus deren Name aber das Christentum die „teuflische Hölle" als Vorbild des Bösen, der Finsternis und Verdammnis machte. Nifelheim wurde in dieser Vorstellung zur eisigen Nebelhölle, zu einer Stätte des Schreckens und der Strafe.

Aber Hel ist zutiefst ambivalent und weist in ihrem Charakter verderbliche und segensreiche Züge auf. Ihr zwiespältiges Wesen zeigt sich schon in ihrem Aussehen: ein Weib von riesenhafter Gestalt, halb menschlich weiß, halb dunkelblau wie die indische Göttin Kali. Einerseits nimmt sie in ihrem Reich die Seelen der Abgeschiedenen auf und hält sie unerbittlich fest. Andererseits birgt sie die künftigen Lebenskeime in ihrem mütterlich nährenden Schoß und trägt sie im Frühjahr aus. Damit steht sie wie alle alten Tod-im-Leben-Göttinnen hinter dem Bereich der Todesmysterien, die nach einer Durchgangsphase des „inneren Sterbens" zu Wandlung und Wiedergeburt führen. So ist Hel eine ursprünglich gütige Gottheit und besitzt als Vorläuferin der Hexe ebenso wie diese eine überwiegend positive Funktion im Dienste des Lebens und seiner Entwicklung.[6]

In Deutschland verschmolz die Gestalt dieser Unterweltsherrscherin mit dem Charakter der Himmelskönigin Frick, die „Gattin" des höchsten Asengottes Wotan und „Herrin" über alles Lebendige war, und wurde in Märchen, Volkssagen und Mythen als ein kosmisches, die Erde umspannendes Wesen vorgestellt. Als Holla, Holda oder Hulda („die freundliche, milde, gnädige Frau") erscheint diese Göttin in Mittel- und Norddeutschland. Perchta, d. h. „die glänzende, leuchtende, weiße Frau", heißt sie in Süddeutschland, Österreich und der Schweiz. Sie beherrschte nahezu alle wichtigen Bereiche des Daseins und wurde vor allem unter dem Namen „Frau Holle" überall sehr verehrt. Denn sie galt primär als gütig, wohlwollend und weise, selbst wenn sie im Einzelnen auch einige dunkle Züge aufwies. Aber unter christlichem Einfluss wurde sie dämonisiert und wandelte sich zur „wilden Jägerin", die in den sog. „zwölf Raunächten" zwischen Weihnachten (24. Dezember) und Epiphanias (6. Januar) mit einem „wütenden Heer" von Toten, Ungeborenen, Ungetauften, Gespenstern und Geistern umherzog und in der Bevölkerung während dieser Zeit Angst und Schrecken verbreitete.

Holle-Perchta tritt dabei als Anführerin immer wieder mit großem Gefolge auf und nimmt dann auch Züge einer Seelengeleiterin („Psychopompos") an. Von christlichen Autoren wird sie gelegentlich als Hexe, Teufelin oder „des Teufels Großmutter" bezeichnet. Hinter der „wilden Jagd" verbirgt sich das Totenheer des germanischen Jenseitsglaubens, für den die Verstorbenen in einer anderen Dimension leben und sich dieses Dasein zu gewissen Zeiten wie etwa den „Raunächten" und in bestimmten Formen wie z. B. den „wilden Umzügen" zeigt.

Der „Kanon Episcopi", eine Sammlung von Verwaltungsrichtlinien speziell für Bischöfe um 900, die Beichtanleitung „Poenitentiale" des Klerikers Burkhard von Worms um 1025 und der Bibelkommentar von Tostatus um 1440 erwähnen als Anführerinnen des „wütenden Heeres" neben Holle und Perchta noch die römische Mond- und Jagdgöttin Diana und die jüdische Königin Herodias. Letztere stiftete der Legende nach ihre Tochter Salome zur Enthauptung von Johannes dem Täufer an, weil ihre Liebe zu diesem Vorläufer Christi unerwidert blieb. Als sie den toten Kopf küssen wollte, wich er zurück und fing so heftig zu blasen an, dass sie in den Weltraum getrieben wurde und unaufhörlich herumschweben musste.

Holle, Perchta, Diana und Herodias stehen als „wilde Jägerinnen" neben- und füreinander, ihre Namen sind im Grunde austauschbar. So beeinflussten im früheren und späteren Mittelalter Vermischungen deutsch-germanischer Dämonenwesen mit antiken und biblischen Gestalten den entstehenden Aberglauben, der schließlich den Hexenbegriff entscheidend prägte.[7]

Auf der psychologischen Ebene gehört die „hagazussa" zum Archetyp der Großen Mutter oder Magna Mater. Hier repräsentiert sie die hemmende, festhaltende, verschlingende und damit negative Seite dieses Urbilds, die Ablösung, Autonomie und Individuation verhindert. Ursprünglich war diese Funktion aber der notwendige dunkle Gegenpol zum hellen Aspekt des Großen Weiblichen und damit integraler Bestandteil von dessen Struktur, wurde dann aber im Laufe der patriarchalen Entwicklung bis hin zum Christentum von dieser Ganzheit abgespalten und dämonisiert sowie einseitig auf die Hexen als Verkörperungen des Bösen projiziert und in diesen Sündenböcken unerbittlich verfolgt.

Aber in der matriarchalen Vorzeit herrschte das Männliche nicht über das Weibliche, sondern war als Heros streng auf die Göttin bezogen. Schon C. G. Jung bemerkte, dass die Große Mutter häufig mit einer männlichen Entsprechung gepaart vorkommt.

Dieser Gefährte der Magna Mater ist meist ein auf seinen Phallus konzentriertes Wesen, das psychologisch im Archetyp des Tricksters seinen Ausdruck findet. Mythologisch repräsentiert in der griechisch-römischen Antike vor allem Hermes-Mercurius dieses Urbild. Dieser ist der Hüter von Toren und Türen, der Herr von Wegen und Kreuzungen, ein Gott der Übergänge und der Beschützer von Menschen, die wie z. B. Wanderer, Kaufleute, Abenteurer und Landstreicher unterwegs sind. Er liebt als sein Element das Dunkle, Nächtige, Zwielichtige, Nebelhafte, Ungewisse, Polare, Paradoxe und ist daher besonders Hekate zugeordnet.

Im germanischen Mythos verkörpert Wotan-Odin nach C. G. Jung am prägnantesten den Tricksterarchetyp. Hier erscheint er als rastloser Wanderer und Unruhestifter, als gespenstischer Jäger und Anführer des männlich geprägten „wütenden Heeres", als Sturm-, Brause- und Windgott, als Entfessler der Leidenschaft und Kampfeslust sowie als übermächtiger Zauberer und Illusionskünstler. Er wird mit Holle-Perchta oder Frick-Hel in Zusammenhang gebracht. Die Römer identifizierten ihn mit Merkur, mit dem er das Schweifende gemein hat; das Windhafte verbindet ihn mit Hermes, der als hellenistischer Offenbarungsgott auch „pneuma" („Leben, Atem") und „nous" („Sinn, Geist") ist.

Im Christentum werden Hekate und Frau Holle zur „bösen Hexe" abgewertet, Wotan und Mercurius zum „höllischen" oder „dummen Teufel" gemacht. Erich Neumann spricht im Zusammenhang mit diesen weiblichen und männlichen Gestalten vom Erdarchetyp der Großen Mutter und ihrem belebenden Geistprinzip, das sich als männlicher, phallisch geprägter Schlangenbegleiter ausdrückt. Beide Aspekte verändern sich im Laufe der Geschichte des Patriarchats einseitig negativ und wirken dann nur noch zerstörerisch bis heute. Noch viele Träume und Phantasien moderner Menschen zeigen den Hexencharakter der Erde und den Teufelscharakter ihres Geistes.[8]

Religionsgeschichtlich bildet das Werk des Kirchenvaters Augustin (354 - 430) den ersten Höhepunkt dieser Abwertung der Beziehung von Göttin und Heros durch das Christentum. Darin erscheint der Gedanke eines Paktes der Menschen mit sog. „Dämonen", die ursprünglich als „übernatürliche Wesen", seit der Spätantike jedoch als „böse Geister" galten. Darunter wurden konkret die alten heidnischen Götter wie z. B. Hermes-Mercurius und gefallene Engel wie etwa Lucifer verstanden. Nach Augustin verursachen Dämonen Krankheiten, verleihen den mit ihnen in Verbindung stehenden Menschen die Gaben der Weissagung und Zauberei, verleiten aber vor allem ihre Vertragspartner zur Buhlschaft. Sie tauchen zu diesem Zweck nächtlich in wollüstigen Träumen auf, verkehren darin sexuell in Gestalt von Frauen (als „succubus") mit Männern oder in Gestalt von Männern (als „incubus") mit Frauen und vermischen sich so mit den Menschen.

Der spätantike Kirchenvater deutete diesen Vorgang noch als eine durch Teufelseinblasungen verursachte Idee, bis sie von der hochmittelalterlichen Scholastik als Realität angesehen wurde. Für diesen Umschwung der Auffassungen war besonders Thomas von Aquin (1225 – 1274) durch seine überragende Autorität verantwortlich. Hatte die Kirche bis dahin den Glauben an die Wirklichkeit der Hexen bekämpft und sogar unter Strafe gestellt, so wurde dies nun anders.

Seit der große Kirchenlehrer Thomas alle Zauberkunst vom Satan herleitete, galt die „hagazussa" als von Gott abgefallene Ketzerin, der man genau wie den häretischen Sekten, allen voran den Katharern, Kult, Pakt und Buhlschaft mit dem Teufel sowie Verhöhnung des Kreuzes und anderer christlicher Symbole nachsagte und die deswegen verdiente, schwer bestraft zu werden. Nach diesem Glauben verursachte die Hexe durch ihre Kunst zusammen mit dem Satan schwere Schädigungen an Menschen, Tieren und Feldern und wurde damit zu einer Gefahr für die Allgemeinheit.

Dabei wendete Thomas die augustinische Theorie vom Dämonenpakt jetzt auf die Volksfrömmigkeit an, indem er jede noch so kleine abergläubische Handlung als Teufelsdienst interpretierte, gleichgültig ob der oder die Ausübende sich dessen bewusst war oder nicht. So begünstigte er auf verhängnisvolle Weise die spätmittelalterlichen Wahnvorstellungen in Bezug auf die „hagazussa" als ketzerische Verbündete des Satans sowie auf die Dämonen als real existierende Wesen. Seine Einstellung blieb bis zur Neuzeit verbindlich. Luther und alle Inquisitoren übernahmen sie wortgetreu oder zumindest sinngemäß.[9]

Im Bereich der Medizingeschichte vollzieht sich an der Wende vom Mittelalter zur Renaissance ein weiterer folgenschwerer Umbruch. Die Anfänge der Hexenverfolgungen fallen zeitlich mit der allmählichen Verdrängung der Frauen aus der Heilkunst zusammen. Die „ärztliche" Praxis dieser „Medizinerinnen" umfasste fruchtbar machende Behandlungen, Liebeszauber, Empfängnisverhütung und Schwangerschaftsabbruch. Das Kräuterweib war in ländlichen Gebieten eine Autorität, der man Ehrfurcht entgegenbrachte und an die man sich mit der Bitte um Rat und Hilfe bei Krankheiten von Mensch und Tier wandte. Der Hebamme wurde gar in ganz Europa eine überirdische Macht zugeschrieben, weil sie mit der Geburt als einem der unheimlichsten Geheimnisse des Lebens in Zusammenhang stand.

Doch seit dem 13. Jahrhundert setzte sich unter arabischem Einfluss langsam aber sicher die männlich dominierte klassische Schulmedizin als eigenes Studienfach an den christlichen Universitäten durch. Deren Absolventen kamen als Stadtärzte in Machtpositionen und bekämpften mit Unterstützung der Kirche und des Staates alle Heilerinnen, die als Frauen nicht studieren durften und nur über eine mündlich weitergegebene intuitive, rein empirische Medizinkenntnis verfügten. Sie wollten die unliebsame weibliche Konkurrenz loswerden, die von ihnen der Kurpfuscherei verdächtigt und auf die Seite der Finsternis, des Bösen und der Magie verwiesen wurde. Mit der Dämonisierung der „weisen Frauen“ und ihres Wissens wandelte sich die geachtete Kunst heilkundiger Helferinnen bei Krankheit und Geburt zum trüben Geschäft zaubernder Hexen. Kräuterweib und Hebamme gerieten immer mehr in den Ruf, eine Giftmischerin, Kindesmörderin oder Prostituierte zu sein. Man unterstellte ihnen eine Art „geheimes Wissen“, das der Theorie nach nur vom Teufel stammen konnte, und warf ihnen vor, neugeborene Kinder dem Satan als ihrem Herrn und Gebieter zu weihen.

Die Universitätsmediziner durchliefen zu Beginn ihres Studiums eine theologische Grundausbildung und verstanden sich daher auch als „Werkzeug des Allmächtigen“. Sie fungierten bei den einsetzenden Hexenprozessen als Gutachter und standen dabei von ihrer Perspektive aus gesehen auf der Seite der Obrigkeit, des Rechts und der Wissenschaft. So vertrieben sie die heilkundigen Frauen nicht nur einfach aus ihren angestammten beruflichen Tätigkeitsbereichen, sondern trugen auf entscheidende Weise mit zu ihrer Ausrottung bei.[10]

Die psychohistorische Entwicklung der patriarchalen christlichen Kultur spitzte sich zwischen 1480 und 1490 innen wie außen noch einmal auf dramatische Weise zu. Der Erdarchetyp mit seinen zentralen Symbolen wie Schlange, Frau, Körper, Triebwelt und Sexualität sollte um der männlichen Himmelsseite bzw. der oberen Welt willen geopfert werden, weil er als eindeutig negativ, von Anfang an gefallen und verdorben galt und den eigentlich zur göttlichen Sphäre gehörenden „Herrn der Schöpfung“ nur zum Satanisch-Bösen des unteren Höllenbereiches verführen konnte. Die schon in der biblischen Sündenfallgeschichte angelegte, Frauen abwertende Tendenz und der Alleinvertretungsanspruch der von Männern beherrschten Kirche in Glaubens- und Aberglaubensfragen ließen ein Feindbild entstehen, das sich vor allem gegen das weibliche Geschlecht richtete. Alle sexuellen Regungen, die das christliche Bewusstsein verdrängte, die aber im Unbewussten als lockende, unerfüllte Wünsche weiterlebten, wurden nun durch Sündenbockprojektion in die Hexenvorstellungen hineingelegt, die der Phantasie bisher ungeahnte Möglichkeiten boten, sadistische Orgien ungehemmt ausleben zu können.

Die „hagazussa" war für die patriarchale Gesellschaft der damaligen Zeit ein Symbol für die eigenständige, starke Frau, die sich nicht beherrschen ließ. Sie machte dem männlichen Geschlecht Angst, weil sie es an seine Trieb- und Instinkthaftigkeit, Schwäche und Abhängigkeit vom Weiblichen erinnerte. Auch repräsentierte sie das verdrängte, aber gegen seine Abwertung anstürmende Unbewusste, von dem sich das verdrängende Bewusstsein der christlichen Kultur dauernd unterminiert und bedroht fühlte.

Gerade kurz vor der Zeitenwende, als der das Mittelalter beherrschende männliche Himmelsarchetyp in seiner Wirkung nachzulassen und dessen Gegenpol des weiblichen Urbildes der Erde aufzusteigen begann, erreichte die religiöse Fanatisierung bei den Vertretern der patriarchalen Geistsphäre mit Inquisition und Hexenprozessen ihren ersten großen Höhepunkt. Bei diesen Exzessen suchten und fanden die Ängste der führenden Kirchenmänner und Staatsdiener vor überwältigender, unkontrollierbarer Triebhaftigkeit, Ich-Verlust und Kastration ihre Kompensation und Abfuhr.

Das religionsgeschichtliche Dokument, das diese fatale Entwicklung in Deutschland auslöste, war die 1484 von Papst Innozenz VIII. veröffentlichte Bulle „Summis desiderantes affectibus" (die sog. „Hexenbulle"), die den Glauben an Hexen in gewissem Sinne sanktionierte und in diesem Zusammenhang auch von „Nicht-Menschen“ sprach. In ihr waren schon alle wesentlichen Definitionen, was die Zauberkunst der „weisen Frauen“ betraf, entweder enthalten oder zumindest mitgedacht. Vor allem befahl der Papst darin bei Androhung des Bannes allen Gläubigen, die zuständigen Inquisitoren in bestimmten deutschen Gebieten bei der Verfolgung von zaubernden Ketzerinnen zu unterstützen.[11]

1487 publizierten die mit den Prozessen gegen die deutschen „Teufelsdienerinnen“ betrauten Dominikaner Heinrich Institoris und Jakob Sprenger den ersten umfassend angelegten Hexereitraktat „Malleus maleficarum“ (den sog. „Hexenhammer“), der in der Folgezeit nicht nur einfach als „Machwerk“, sondern vor allem auch als „unheilvollstes Buch der Weltliteratur“ bezeichnet wurde. Dieses Werk bildete das System des Glaubens an Hexen und deren Bestrafung bis zur Perfektion aus und galt im römisch-katholischen Europa als Grundlage für entsprechende Gerichtsverfahren.

Sein erster Teil führt die Gründe an, warum gerade Frauen für Zauberei besonders anfällig seien; der zweite Teil zeichnet die angeblichen Untaten der Hexen auf, und der dritte Teil enthält differenzierte Richtlinien für die Abhaltung der Prozesse gegen die Ketzerinnen. Vier Vorstellungskreise aus der mittelalterlichen Theologie und dem alten Volksglauben in Bezug auf das Wesen der Hexen sind in dieser Schrift als Themenschwerpunkte miteinander verflochten: a) Pakt und Buhlschaft mit dem Teufel, b) Häresie durch Anbetung fremder Gottheiten, c) Maleficien, d. h. Missetaten im Sinne von schwarzem Schadenzauber, d) Flug durch die Luft und Verwandlung in Tiere.

Bei diesen ganzen Ausführungen fällt besonders die ausgedehnte Sexualthematik in Verbindung mit einer krassen Ablehnung der Frau auf. So leiten Institoris und Sprenger etwa das Wort „femina" (="Frau") von „fe=fides" (="Glaube") und „minus" (="weniger") ab und ziehen daraus den willkürlichen Schluss, dass „femina" jene sei, die weniger Glauben habe. Sie unterstellen den Frauen Mangel an Verstand, heftige Begierde, Eitelkeit und Ehrgeiz. Alles geschehe bei ihnen letztlich aus unersättlicher fleischlicher Gesinnung. Das Weib sei schlecht von Natur aus, da es schneller am Glauben zweifle und daher in besonderer Gefahr stehe, dem Teufel zu verfallen. Es repräsentiere nur ein unvollkommenes Tier, während der Mann einem edlen Geschlecht zugehöre, aus dessen Mitte Jesus selbst hervorgegangen sei.

Außerdem bescheinigen die Autoren den Hexen übernatürliche Kräfte, die sie aber zur Zauberei und damit zur Gewalt über andere Menschen missbrauchen würden. Die dämonischen Ketzerinnen seien auch zur Liebe unfähig und zu uneinsichtig, um ihre Schuld einzugestehen. Sie könnten keine Tränen vergießen und niemals Kinder gebären. Weiterhin würden sie auf die eigene Macht vertrauen und sich Männerrollen anmaßen. Durch diese und ähnliche Definitionen zementierten Institoris und Sprenger für Jahrhunderte alle negativen Klischees und Vorurteile gegenüber Frauen, die nur ein wenig aus dem engen Rahmen der gesellschaftlichen Normen des christlichen Patriarchats herausfielen.[12]

1532 schuf Kaiser Karl V. für das gesamte Reich ein einheitliches Prozessrecht, das er „Constitutio Criminalis Carolina" nannte. Diese sog. „Peinliche Halsgerichtsordnung" machte durch ihre Veränderung des Inquisitionsverfahrens die Bestimmungen des „Malleus maleficarum" zur Grundlage für die Hexenverfolgung durch die weltliche Gerichtsbarkeit.

Dies löste in Europa, besonders aber im deutschsprachigem

Raum und in der Schweiz, bis Ende des 17. Jahrhunderts Wellen von Prozessen aus, denen Zehntausende, vor allem jedoch Frauen, zum Opfer fielen. Die durch Folter und vorgegebene Fragekataloge erhaltenen Geständnisse in diesen Verfahren sagen weitaus mehr über gelehrte Vorstellungen der Theologen und sadistische Phantasien der Richter als über tatsächlich existierende magische Praktiken aus. Es gab kein Entrinnen aus den „Mühlen“ der Inquisition, weil die Schuld der Delinquentinnen von vornherein feststand. Unter Anwendung grausamer Verhörmethoden erpresste man alles, was man den gefolterten Menschen in den Mund legte, und erhielt so die Namen von „Mitschuldigen“, die dann zu neuen Opfern wurden. Nicht nur die katholische Kirche, sondern auch Martin Luther und die Reformation betrieben bzw. unterstützten die Vernichtung der „Teufelshuren“.

In Deutschland verlief die Verfolgung zeitlich und geographisch in Schüben. Sie begann hier erst nach 1560 und erreichte jeweils einen Höhepunkt um 1590, um 1630 und um 1660. Ein Leugnen der Hexerei galt als Ketzerei und wurde mit dem Tode bestraft. Es war also sehr gefährlich, sich öffentlich gegen die Wahnvorstellungen bezüglich der „weisen Frauen“ auszusprechen. Dennoch regte sich nach und nach aus Kreisen der beiden Kirchen und der Medizin Widerstand gegen die Praxis der grausamen Verfolgungen. Am bekanntesten waren und am nachhaltigsten wirkten in der deutschen Öffentlichkeit die Bücher von Johann Weyer („De praestigiis daemonum“ von 1563), Adam Tanner („Theologia scholastica“ von 1616), Friedrich Spee von Langenfeld („Cautio criminalis“ von 1631), Balthasar Bekker („Die bezauberte Welt“ von 1690) und Christian Thomasius („De crimine magiae“ von 1701).

Wegen des Drucks dieser wachsenden Opposition gegen den

übersteigerten Dämonenglauben und gegen die Unmenschlichkeit der Prozessführung begann der Hexenwahn im 17. Jahrhundert zu schwinden und forderte ab dem 18. Jahrhundert nur mehr vereinzelt Opfer. Die Gesetzgebung unterdrückte die Gerichtsverfahren gegen die angeblichen Zauberinnen zuerst 1714 in Preußen unter König Friedrich Wilhelm I. und dann 1766 in Österreich unter Kaiserin Maria Theresia. Die letzte legale Hexenhinrichtung in Deutschland ereignete sich 1775 in der Fürstabtei Kempten, auf dem europäischen Kontinent 1782 im protestantischen Schweizer Kanton Glarus.[13]

Der „Malleus maleficarum" mit seiner systematisierten Lehre, die massenhaft stattfindenden Hexenprozesse, die Geständnisse der Opfer in den entsprechenden Gerichtsakten und die darauf beruhende theologische Literatur von Johannes Nider, Jean Bodin, Martin Delrio und anderen Gelehrten wirkten auf die Vorstellungen des allgemeinen Aberglaubens ein und schlugen sich literarisch in Volkssagen nieder, die immer um einen realistischen Kern kreisen, meist geographisch genau lokalisiert sind und nicht selten direkt an namentlich bekannte Personen anknüpfen.

Hier wird die Hexe auf kein Klischee festgelegt. Vom Kind bis zur alten Frau kann sie in allen weiblichen Lebensaltern und Standeszuordnungen auftreten. Sie erscheint nicht als Geist oder Gespenst, sondern nur als zaubernder Mensch mit dämonischem Aussehen, z. B. beim Ritt auf dem Besen oder bei der Verwandlung in ein Tier. Ihre magischen Kräfte erhält sie erst durch Verbindung mit dem Teufel, der sie vertraglich zur Schädigung ihrer Umgebung verpflichtet.

Der Satan fungiert hier allerdings weniger als Verführer und Betrüger, sondern eher als Partner, der seinen Teil des Paktes ehrlich erfüllt. Die Hexe wird selten durch ihn von außen her zum Bösen gedrängt, handelt meist aus eigenem Antrieb und weiß dabei ihren Vorteil und Nutzen durchaus zu wahren. Buhlschaft mit dem Teufel, Flug zu den Versammlungen, der Sabbat mit seinen Tänzen und Orgien sowie Schadenzauber an Menschen und Vieh stehen hier im Vordergrund. Daneben gibt es die ursprünglich selbstständigen Gestalten der Wind und Sturm erzeugenden Gewitterdämonen, der Albträume bringenden Truden, der bösen Hausgeister und der blutgierigen Werwölfe, die im Laufe der Zeit immer mehr verblassten und mit dem Bild der Hexe verschmolzen.

Die „hagazussa" ist in den Sagen fast immer in die menschliche Gesellschaft integriert, hat als deren Mitglied auch ihren genau abgegrenzten Wirkungskreis und nimmt so an allem teil, was das Leben auf dem Dorf bringt. In diesen kleinen Organismus gliedert sie sich als Tochter, Jungfrau, Geliebte, Ehefrau, Mutter, Großmutter, Schwiegermutter, Freundin und Nachbarin ein. An einem Ort kann es durchaus mehrere Hexen geben, die dann auch zu gegebener Zeit die Luftfahrten zu ihren Versammlungen gemeinschaftlich ausführen. Sie bilden in der dörflichen Gemeinschaft nach außen hin keine besondere soziale Gruppe und sind daher in allen gesellschaftlichen Schichten von unten bis oben vertreten. Obwohl sie mit ihren magischen Künsten meist mehr oder weniger großen Schaden anrichten, können sie damit bisweilen ihren Mitmenschen auch behilflich sein, wenn sie darum gebeten werden.[14]

Während des 19. Jahrhunderts erhielt die Hexe ihre literarische Konservierung und Verewigung im Märchen, besonders durch die berühmte Sammlung der Brüder Grimm. Im Gegensatz zur Sage spielen hier die Ereignisse in einem phantastischen Wunderland ohne zeitlich-räumliche Festlegung. Obwohl diese Gattung frei erfundener Volkserzählungen in

Deutschland schon auf germanisch-keltische und frühmittelalterliche Ursprünge zurückgeht, hat sie ihre entscheidende Prägung durch das Bürgertum des 15. und 16. Jahrhunderts erfahren, also gerade zu einer Zeit, in der sich der allgemeine Hexenwahn entwickelte und schließlich auch blutrünstige Realität wurde.

Nur 30 Jahre nach der letzten Hinrichtung einer vermeintlichen „hagazussa“ in Europa erschien 1812 der erste Band der „Kinder- und Hausmärchen“ (KHM) von Jacob und Wilhelm Grimm. In dieser kurzen Zeitspanne konnte der Glaube an die dämonische Schadenzauberin in der Gesellschaft noch nicht abgesunken, sondern musste im Volk noch sehr lebendig sein. Beredtes Zeugnis legt davon die Sammlung der KHM ab, die etwa 70 Texte mit einer Hexe oder einer magisch begabten, bösartigen Frau enthält. Dies macht insgesamt ungefähr ein Drittel aller Märchen der Brüder Grimm aus.

Eine Gruppe aus diesen Erzählungen weist Handlungen der Zauberin auf, die ihren Ausgangspunkt in irgendeinem negativen Charakterzug der „hagazussa“ haben und sich immer gegen die Gesamtheit oder Teile der Menschen richten. Diese eher allgemeine Einstellung gegen die Opfer wird durch die besondere Haltung der Stief- und Schwiegermutter-Hexe ergänzt, die in einer anderen Gruppe von Märchen negativ im Mittelpunkt steht und einen abgrundtiefen Hass gegen ganz bestimmte Personen, wie etwa gegen die Stiefkinder oder die Schwiegertochter, empfindet.

Es gibt bei den Grimms nur wenige Geschichten, in denen die „böse Alte“ positiv als Unterweiserin der Mädchen vor der Geschlechtsreife oder gar als Glück bringende Fee erscheint. Ganz allgemein repräsentiert die Hexe in Märchen ein übernatürliches dämonisches Wesen, dessen Zauberkraft keiner weiteren Begründung bedarf und als selbstverständlich gegeben ist. Sie tritt aber meist in missgebildeter Menschengestalt auf, kommt kaum jung und schön, sondern weitaus öfter steinalt und abstoßend hässlich vor, stützt sich dann auf eine Krücke, wackelt mit dem Kopf, besitzt eine lange gebogene Nase und hat rote Augen mit einem stechenden bösen Blick sowie eine schnarrende Stimme mit einem höhnischen Lachen. Auch bildet sie mit anderen Zauberinnen im Märchen keine Wohngemeinschaft, sondern lebt als singuläre Erscheinung meist in einer abgeschiedenen Behausung nahe beim oder tief im Wald.[15]

Tiefenpsychologisch drückt die Hexe in den Volkserzählungen den negativen Elementarcharakter des weiblichen Archetypus in seiner Symbolwirklichkeit als furchtbare Mutter aus. Die Ganzheit der Magna Mater, die gibt und nimmt, erscheint einseitig verkrüppelt, indem ihre dunkle Seite allein herausgestellt, dabei verabsolutiert, dann besonders auf alte vereinsamte Frauen übertragen und schließlich zur Horrorgestalt verzerrt wird. Die Angst vor der Erlebnisweise des weiblichen Empfindens in patriarchalen Kulturen thematisiert die Schreckensvision der bösen verschlingenden Dämonin auch im Bereich des Märchens.

Die Hexe symbolisiert als archetypisches Bild eine Bedrohung des Ich-Bewusstseins und dessen Entwicklung durch den die Entfaltung hemmenden Mutterkomplex. In den Geschichten der Brüder Grimm steht sie deshalb oft mit der Stiefmutter in Beziehung oder ist mit ihr identisch. Ihre hervorstechendsten Eigenschaften sind Gier, Bosheit, Neid, Hass, Missgunst und Hochmut, und ihr ganzes egoistisches Denken und Handeln erweisen sich als destruktiv von Grund auf. Immer kennt die Hexe nur sich und ihr Ziel, geht dabei völlig bedenkenlos ihren Weg und ist als vollkommene Verkörperung des Bösen eine durch und durch unproblematische Natur. In dieser Funktion eines rein negativen Typus erscheint sie dem männlichen oder weiblichen Helden als Gegenspielerin und existiert nur für ihn, nicht für andere. Sie bekämpft ihn mit magischen Künsten, die von Kochen und Backen, Versenkung in Zauberschlaf und Verbannung, Verwandlung in Tier, Baum oder Stein bis zur Giftmischerei reichen. Als Menschenfresserin tritt sie im Sinne eines sog. „magischen Kannibalismus" auf, um durch das Fleisch der geraubten Kinder ihre Zauberkraft zu steigern.

Am Schluss ereilt die Hexe meist ihre Strafe, die sich in vielfältigen Formen ausdrückt, aber doch stets ein Todesurteil ist. Bei den Brüdern Grimm wird sie sechsmal verbrannt, fünfmal aufgehängt, fünfmal in Fass oder Sack ertränkt, dreimal von Tieren zerrissen, dreimal geblendet und zweimal geköpft. Die grausamen Hinrichtungsmethoden entsprechen oft historischer Realität; besonders der Feuertod verweist auf die Hexenprozesse der beginnenden Neuzeit. Jedenfalls lässt sich die Exekution der „hagazussa" im Märchen auch als eine Art „magische Wiedergutmachung" verstehen, weil der von ihr angerichtete Schadenzauber erst durch ihre totale Vernichtung beseitigt wird.

Das Verbrennen der Hexe bedeutet psychologisch die Überwindung ihrer Destruktivität. Gerade ihre Bedrohlichkeit als Symbol der Verschlingenden setzt in ihren Opfern Kräfte frei, die ihr standhalten, sei es die wache List der Kinder, sei es die treue Liebe des jugendlichen Paares. Die seelische Krise, die durch die Zauberin verursacht wird, zwingt zur Neubesinnung und zu Anstrengungen im Sinne lebendiger Entwicklung.

So hat die Hexe zwei Gesichter: Sie scheint besessen vom

„Geist" kompromisslosen Haben- und Festhaltenwollens und daher durch und durch böse zu sein – dennoch hilft sie den Suchenden auf entscheidende Weise weiter und steht damit im Dienst des Guten. Allerdings gewährt sie ihren Prüflingen kein Pardon und verlangt ihnen das Äußerste ab. Nur so schafft sie die notwendige Voraussetzung für deren menschlichen Reifungsprozess.[16]

Es gibt in den „Kinder- und Hausmärchen" zwei Erzählungen, die äußerlich nichts mit den bisher angesprochenen Hexengeschichten zu tun haben, aber aus besonderen Gründen doch dazugehören bzw. in dieser Reihe einen herausragenden Platz einnehmen.

Die Brüder Grimm veröffentlichten 1812 im ersten Band der KHM zwei Versionen und 1819 in der zweiten Auflage die endgültige doppelteilige Fassung des Märchens „Der Teufel mit den drei goldenen Haaren" unter Nr. 29. Außerdem nahmen sie 1815 in den zweiten Band ihrer Sammlung als Nr. 39 die Erzählung „Der Teufel und seine Großmutter" auf.

Damit griffen sie die Beziehung von Hexe und Satan, die unter dem Stichwort „Teufelsbuhlschaft" in den historischen Prozessen und entsprechenden theologischen Schriften thematisiert worden war und dabei aber nur einen späten pervertierten Ausläufer des ursprünglichen Verhältnisses von Großer Göttin und Heros aus matriarchalen Zeiten dargestellt hatte, wieder aus der Vergangenheit auf, reflektierten sie jedoch auf einer neuen Ebene.

In den beiden erwähnten Märchen hat der Teufel als Partnerin eine Großmutter, oder auch „Ellermutter" genannt, die Züge der alten umfassenden Magna-Mater-Gottheit trägt. Hier schimmern als Vorbilder die Unterweltsherrscherin Hel, die 900-köpfige Ahnfrau aus dem Hymir-Lied der nordischen

Mythologie und die riesenhafte Mutter des Unholds Grendel aus der germanischen Beowolf-Sage durch. Der Teufel verkörpert in diesen Märchen das von der Ganzheit abgespaltene Böse, während seine Großmutter mit ihr verbunden ist. Sie weiß mit diesem Seelen fangenden, raubenden und fressenden Aspekt des Mütterlichen bei sich umzugehen und in Weisheit zu verwandeln.

Als alte Tod-im-Leben-Göttin verkörpert sie die gütige Seite der dunklen Natur. Die Ellermutter, deren Name wahrscheinlich von mittelhochdeutsch „eltermuoter“ in der Bedeutung von „Großmutter“ abgeleitet ist, sieht „gar nicht so böse aus“ und „will sehen“, ob sie dem Märchenhelden „helfen kann“, weil er sie „dauert“. Oder aber er gefällt ihr „wohl“, und daher hat sie „Erbarmen“ mit ihm. Ihr Mitgefühl entspringt ihrer Liebe zum Leben und zu den Menschen, die durch ihr Eingreifen immer wieder aus der Macht ihres „Enkels“ befreit werden.

Gegenüber seiner Großmutter steht der Teufel in sohnhafter Abhängigkeit und wirkt in Bezug auf sie etwas pubertär, weil sie dafür sorgt, dass er sich nicht allzu boshaft und destruktiv gebärdet. Ihre mehrdimensionale, in der Tiefe begründete Weisheit ist mit seinem einseitigen, nur auf einzelne Situationen bezogenen Wissen weit überlegen. Sie stellt es in den Zusammenhang und den Dienst des Lebens und seiner Entwicklung.

Mythologisch könnte hinter diesem Paar die „Hagia Sophia“, die umfassende hellenistisch-jüdisch-christliche Weisheitsgestalt der Spätantike, und ihr Heros Lucifer stehen, der ihretwegen den Aufstand gegen Jahwe wagte und deswegen von ihm in die Unterwelt gestürzt wurde. Des Teufels Großmutter ist im tiefsten und wahrsten Sinne die Magna Mater oder „Große Mutter“, die Schöpferin und Erhalterin allen Lebens, die es ernährt und beschützt, ihm Wärme spendet und Zuflucht gewährt. Gerade weil sie ihre negativen Kräfte der Zersetzung und Vernichtung, des Todes und des Grabes in ihrem Wesen zutiefst integriert hat, kann sie zur Mutter aller Weisheit, Selbstbeherrschung und Erlösung durch Verwandlung und Erleuchtung werden und denjenigen, der sich ihr anvertraut, aus Dunkelheit und Gebundensein herausführen. Als Sophia begleitet sie die Reifung des Menschen liebevoll von der elementaren auf die höchste Stufe und verströmt ihr Herz und Gefühl als Geistnahrung an ihn und seinen Entwicklungsprozess. So übersteigt des Teufels Großmutter die Dämonie der Hexe in den KHM um ein Vielfaches, erlöst sie aus ihrer abgründigen Ambivalenz und gibt ihr ein vorbildhaftes Beispiel für den Weg zur letzten Erfüllung und Entfaltung weiblich-mütterlichen Wesens.[17]

3. Literaturwissenschaftliche Interpretation des Märchens

Eine erste Annäherung an das Märchen stellt die literarwissenschaftliche und literarhistorische Deutung dar, die weniger Inhalte, Symbole und Aussagen der Volkserzählungen interpretiert, als sich vielmehr vorrangig auf nachprüfbare Fakten, formale Einordnungsfragen und vergleichende Problemstellungen zu beschränken bemüht.

Die Vorgehensweise der vorliegenden Arbeit in diesem Kapitel ergibt sich größtenteils aus der Gliederung der Befunde nach chronologischen Gesichtspunkten. Daher beginnt die Darstellung von sozial- und religionsgeschichtlichen Ursprüngen und Vorbildern des „Hänsel und Gretel"-Märchens mit der Prähistorie und der Mythologie einer archaischen Kultur.

Einen ersten allgemeinen Ansatz für diese Perspektive lieferte der Begründer der strukturalistischen Folkloristik, der Russe Vladimir Propp, in seiner 1946 gedruckten Habilitationsschrift, die erst 1987 in deutscher Übersetzung unter dem Titel „Die historischen Wurzeln des Zaubermärchens" erschien.

Hier fragt er nach der gesellschaftlichen und geschichtlichen Wirklichkeit, die den Wundergeschichten zugrunde liegt. Er sieht dabei fast alle Hauptelemente des Märchens in den weltweit verbreiteten prähistorischen Riten der Initiation und den damit verbundenen Todesvorstellungen begründet und von ihnen abgeleitet. Im Laufe seiner Untersuchung besonders von russischen Zaubererzählungen verlegt Propp deren Ursprung in die Zeit der nachmatriarchalen, männerbündischen Gesellschaftsverhältnisse und erklärt die bedeutsame Rolle der Frau im Märchen als Relikt aus der früheren mutterrechtlichen Epoche. Nach dem Untergang der Riten und Mythen dieser Jägerkultur werden die in ihnen enthaltenen Motive für den strukturalistischen Folkloristen als freigegebenes Material nun von der künstlerischen Gestaltungskraft des Menschen erfasst und zu Märchen weiterverarbeitet, die erst jetzt ein vollblütiges Leben zu führen beginnen.

Die Habilitationsschrift des russischen Germanisten und Slawisten behandelt in acht Kapiteln je eine Grundthematik der Zaubergeschichten. Der zweite Abschnitt dieser Einzeldarstellungen trägt den Titel „Der geheimnisvolle Wald“ und weist Strukturen auf, die bis zu einem gewissen Grad auch das deutsche Märchen „Hänsel und Gretel“ enthält. Nach Propp gehen hier auf den Komplex der Initiation folgende Motive zurück: die Fortführung oder Verjagung der Kinder, das Hüttchen der Hexe, die Verschreibung und das Verprügeln der kleinen Helden, das Abhacken eines Fingers, das Vortäuschen von Zeichen des Todes, die Umwandlung im Backofen, das Zerstückeln und Wiederbeleben, die Gewinnung eines magischen Mittels und der Transvestismus. Das Abhacken des Fingers ist z. B. für den Strukturalisten ein Relikt des Ritus der Initiation, während nach seiner Auffassung etwa das Verbrennen der Hexe ein Zeugnis für die Ablösung des Mythos vom ursprünglichen Einweihungsritual darstellt, bei dem das Kind im Leib des Vernichtungsdämons dem Feuer ausgesetzt und der Heranwachsende zu einem neuen Leben wiedergeboren wird.[18]

1976 veröffentlichte der historische Verhaltensforscher August Nitschke den ersten Band seines Werkes „Soziale Ordnungen im Spiegel der Märchen“ unter dem Titel „Das frühe Europa“. Im Gegensatz zu Propp präzisiert er seine Epocheneinordnungen klarer und behandelt auch konkreter Erzählungen der Brüder Grimm unter besonderer Berücksichtigung von „Hänsel und Gretel“. Dabei geht er davon aus, dass in Erzählungen, die schon im Mesolithikum, also in der Mittelsteinzeit zwischen 10 000 und 5 000 v. Chr., spätestens aber im dritten Jahrtausend (vor unserer Zeitrechnung) entstanden sein könnten, oft zwei Bereiche vorkommen, die sich manchmal fast feindlich gegenüberstehen: die Welt der Menschen und die Sphäre der Wald-, Wasser- und Bergwesen.

Diese vielfach unheimlichen Gestalten können den Märchenhelden gelegentlich helfen, sind ihnen aber meist übel gesonnen und trachten ihnen nicht selten nach dem Leben. Innerhalb dieser phantastischen Naturdimension entspricht dem russischen Waldkönig in deutschen Zaubergeschichten als weibliches Pendant die Hexe, der etwa Hänsel und Gretel oder Jorinde und Joringel begegnen.

Im Gegensatz zu diesem Geister- und Dämonenbereich ist nach Nitschkes Auffassung die Menschenwelt hierarchisch gegliedert. An der Spitze stehen Könige oder Zaren, in der Mitte Bauern und Bäuerinnen und am Ende dieser Ständeordnung Knechte und Mägde. Die Märchen erzählen Ereignisse, denen die Hauptfiguren in dem für sie fremden Reich des Waldes ausgesetzt sind. Wer in die Gewalt dieser Naturwesen gerät, lernt von ihnen Dinge, die dem Bauern sonst nicht geläufig sind, die er aber benötigt, um sich und andere aus dem Bann des Waldkönigs oder der Hexe zu lösen.

Sind die Helden dieser Erzählungen befreit, kehren sie wieder in die menschliche Welt zurück. Die Familie stellt für den historischen Verhaltensforscher am Ende dieser Märchen ihren vorher gefährdeten Zusammenhalt nun aus eigener Kraft her und empfindet sich dann als eine Einheit, in der sich ihre Mitglieder gegenseitig helfen. Die Mittel und Dinge, die der Entzauberung dienen und die Macht der Waldwesen brechen, bewirken die entscheidenden Wendepunkte in diesen Erzählungen und verfügen über die höchste Aktivität im Sinne einer magischen Kraft, die einen Bann zu lösen vermag.

Die Geschichten setzen eine agrarische Gesellschaft mit der entsprechenden Kultur voraus. Hier kommen die Bauern in den Wald, der von ihnen nicht als die gemäße Umwelt empfunden wird und ihnen als etwas Dunkles und Beunruhigendes erscheint. In diesem fremden Bereich können die Menschen sich verirren und Hexen oder Männern begegnen, die sie fressen wollen. Nun waren für Nitschke in der prähistorischen Epoche, die auf die letzte Eiszeit folgte, d. h. also etwa zwischen 20 000 und 10 000 v. Chr., Menschenopfer sehr verbreitet. Eine Einzelperson musste für die Gemeinschaft sterben, um einen Abschnitt des Jahres zu beenden und einen neuen zu ermöglichen. Die Märchen verurteilen nun die Männer und Frauen des Waldes, die Eindringlinge in ihre Sphäre töten, und stammen daher aus einer Gesellschaft, die den Sinn der genannten Opfersymbolik nicht mehr verstand. So bekämpften sie nach Auffassung des historischen Verhaltensforschers die Vertreter der älteren Anschauung als bösartige Hexen und Menschenfresser und zeigten dadurch, dass sie in einer späteren Kultur entstanden, die auf das Matriarchat mit seinen Fruchtbarkeits- und Tötungsritualen folgte.[19]

Der promovierte Jurist und hochrangige Diplomat Werner Daum bot mit seinen Büchern „Märchen aus dem Jemen" von 1983 und „Ursemitische Religion" von 1985 eine gewisse Konkretisierung zu Nitschkes Ausführungen an. Die Thesen des für das Außenministerium tätigen Botschafters griff der katholische Theologe Georg Baudler in seinen Werken „Erlösung vom Stiergott" von 1989 und „Gott und Frau" von 1991 auf und ergänzte sie im Sinne seiner religionsgeschichtlichen Interpretationen. Beide Autoren sehen in den Jahrtausenden der Sesshaftwerdung des Menschen, in den realen neolithischen Verhältnissen zwischen 5 000 und 2 000 v. Chr., die Entstehungszeit der Märchen. Für sie ist die Grundstruktur vieler Zaubergeschichten der Weg durch Kinder- und besonders Mädchenopfer, allgemein durch dunklen Tod und durch die heroische Überwindung dieser Finsternis im Kampf des Lichthelden hin zu Befreiung und Fruchtbarkeit.

Als Verkörperung des Bösen erscheint hier der alte Wildnisgott, der durch Aussetzung und damit indirekte Tötung von jungen Menschen meist im tiefen Wald besänftigt werden soll. Baudler erwähnt quasi als Prototyp für diese Grundstruktur vor allem die Grimmsche Erzählung „Hänsel und Gretel", für die Daum eine Vorform in dem altjemenitischen Märchen „Die Dunkelheit" nachzuweisen versucht.

Diese Geschichte wiederum wird von den beiden Verfassern nur als spezifische Ausprägung einer ursemitischen Mythologie verstanden, die ursprünglich im nördlichen Syrien beheimatet war und sich allmählich in alle Kulturzentren der damaligen Welt ausbreitete. Im Mittelpunkt steht hier der alte Regen-, Sturm- und Wüstengott Almaqah, der mit Unwettern dem Land Tod und Verderben bringt. Um ihn zu versöhnen, soll ihm die junge Sonnengöttin Schams geopfert werden. Dies verhindert aber der Lichtheld Athar, der Gott des Mondes und milden Wassers. Er rettet das Mädchen, verbindet sich ehelich mit ihm und kämpft zusammen mit ihm gegen Almaqah, um eine von Angst und Schrecken freie Heimat zu ermöglichen. Erst aus der sexuellen Vereinigung, der „heiligen Hochzeit" von Sonne und Mond erwächst das Licht, das den alten Wildnisgott in den Hintergrund drängt und dadurch die Gemeinschaft vom Menschenopfer befreit. Immer ist es nach Baudler und Daum in den Märchen diese Mann und Frau verbindende Kraft, die beide zu ihrem erlösenden Wirken in der Auseinandersetzung mit den Mächten des Bösen und der Dunkelheit bewegt.[20]

Die literaturwissenschaftliche Erforschung von Märchen wurde im 19. Jahrhundert von den Brüdern Grimm durch ihre umfangreiche Sammlertätigkeit begründet und seit Beginn des 20, Jahrhunderts in Finnland durch genaue Vergleiche und Untersuchungen aller erreichbaren Versionen von Volkserzählungen weiterentwickelt. Unter dem Titel „The Types of the Folktale“ veröffentlichten Antti Aarne und Stith Thompson ein Verzeichnis von Märchentypen, dessen letzte Ausgabe 1961 in Helsinki erschien und das von nun an mit seinen Einteilungsprinzipien die Grundlage für die allgemein übliche Zitierung von Wundergeschichten in der Forschung bildete.

Das Fressermärchen „Hänsel und Gretel“ gilt bei Aarne/Thompson als eigenständiger Erzähltyp mit der Nummer AaTh 327 A. Es thematisiert aus der Perspektive des kindlichen Erlebnisbereiches den Beziehungskonflikt mit den Eltern. Sein Inhalt wird folgendermaßen wiedergegeben:

1.) Die Hauptfiguren der Geschichte sind ein Junge und ein Mädchen, die von der bösen Stiefmutter aus dem Haus vertrieben und dann von beiden Eltern endgültig im Wald ausgesetzt werden, nachdem sie einmal durch Ausstreuen von Kieselsteinen den Weg zurückgefunden haben.

2.) Die Geschwister gelangen zu einem verführerischen Kuchenhaus, in dem eine Hexe wohnt.

3.) Der Junge wird von der dämonischen Kannibalin eingesperrt und gemästet. Nach einiger Zeit macht sie bei ihm die sogenannte Feistprobe, indem sie prüft, ob er schon fett genug zum Schlachten ist.

4.) Die Kinder überlisten und vernichten die Hexe. Der Junge steckt aus seinem Gefängnis ein Knöchlein oder Hölzchen statt des Fingers heraus, und das Mädchen schiebt schließlich die Menschenfresserin in den Backofen.

5.) Auf der Flucht werden die Kinder von Enten oder Engeln über ein großes Wasser getragen und kehren am Ende mit Schätzen beladen ins Elternhaus zurück.

Diese fünf Punkte gliedern den Hauptstrang der Handlung von AaTh 327 A. Deutlich davon zu unterscheiden sind vier Untertypen, die sich in den Varianten des Märchens aus der Verschmelzung mit anderen Erzähltypen ergeben haben. Beispiele dafür finden sich in den historischen Vorläufern der Geschichte von „Hänsel und Gretel".[21]

Das älteste Zeugnis für AaTh 327 A bildet das Märchen vom „Erdkühlein". Es ist im zweiten Band des um 1559 erschienenen Schwankbuches „Das Ander theyl der Gartengesellschaft" von Martin Montanus als fünftes Kapitel unter dem Titel „Ein schöne History von einer Frawen mit zweyen Kindlin" enthalten.

Die Erzählung des elsässischen Verfassers gibt nur die Kernmotive des Anfangs von „Hänsel und Gretel" wieder. Sie handelt von einer Stiefmutter, die sich mit der älteren Tochter gegen die jüngere und den schwachen Vater verbündet. Die bösartige Frau will erreichen, dass so bald wie möglich das von ihr gehasste Mädchen ausgesetzt werden soll. Dieses holt sich Rat bei seiner Patin und streut als Wegmarkierung der Reihe nach Sägemehl, Spreu und schließlich Hanf aus, der aufgepickt wird. Es findet Zuflucht im Waldhaus der leiblichen Mutter, die in eine bergende, nährende Tiergestalt verwandelt ist und ihre Tochter in dieser Erscheinungsform mit allem versorgt, was sie zum Leben braucht. Durch die Schwatzhaftigkeit des Mädchens wird das Geheimnis dieses Erdkühleins entdeckt, das die Stiefmutter nun schlachten lässt.

Damit beginnt die Verschmelzung des Märchens mit dem Erzähltyp AaTh 511, der unter dem Titel „Einäuglein, Zweiäuglein, Dreiäuglein“ bekannt ist. Die Eingangskonfiguration zeigt in „Das Erdkühlein“ ein ähnliches Elternpaar wie in „Hänsel und Gretel“: eine starke boshafte Frau und einen schwachen gutartigen Mann. Aber ausgesetzt und verfolgt wird nur die jüngere Tochter, die am Ende jedoch trotz aller Widrigkeiten ihr Glück findet, während die ältere ein nie zu sich selbst findendes Werkzeug der destruktiven Stiefmutter bleibt.[22]

Die chronologisch nun folgende Fassung des Erzähltyps AaTh 327 A stammt aus der Feder des italienischen Dichters Giambattista Basile, der im 17. Jahrhundert durch eine Sammlung von 50 Märchen bekannt wurde. Dieses Werk bekam in späteren Ausgaben den Namen „Pentamerone“ („Fünf-Tage-Werk“), da die Geschichten über fünf Tage erzählt wurden. Sein zweiter Band erschien 1636 bei Beltrano in Neapel unter dem Titel „Lo cunto de li cunti“ („Das Märchen aller Märchen“).

Die schiefmäulige Paola der Rahmenerzählung gibt am fünften und letzten Tag die achte Geschichte von der Aussetzung und Wiederfindung der Geschwister Nennillo und Nennella wieder. Beide Namen sind eigentlich Verkleinerungsformen von „ninno“ („das Kind“) und müssten wörtlich mit „das Knäblein“ und „das Mägdelein“ übersetzt werden. Zu Beginn des Märchens lässt eine Stiefmutter ihren Mann erst wieder bei sich schlafen, als er verspricht, den Jungen und das Mädchen im Wald auszusetzen. Hier legt der Vater zuerst eine

Asche-, dann eine Kleiespur als Wegmarkierung. Beim ersten Mal finden die Kinder den Weg ins Elternhaus zurück; beim zweiten Mal gelingt dies nicht, weil ein Esel die Kleie gefressen hat.

Bis zu diesem Punkt folgt das Märchen den Grundlinien der Geschichte von „Hänsel und Gretel", verschmilzt aber dann mit dem Erzähltyp AaTh 450, der mit dem Titel „Brüderchen und Schwesterchen" gekennzeichnet wird. Zu dessen Motivbereich gehören die Flucht in den hohlen Baum, die Jagd des Prinzen, das Bellen der Hunde und die Heimholung. Bei Basile findet der Herrscher Nennello und lässt ihn zum Vorschneider ausbilden, während in AaTh 450 der König das Schwesterchen aus dem Wald auf sein Schloss bringt und es zu seiner Gattin macht. Nennella und ihr Bruder erleben im weiteren Verlauf der „Pentamerone" - Erzählung jeweils ihr eigenes Schicksal. Lediglich die Tatsache ihrer Rückkehr ins Elternhaus am Ende ähnelt noch dem Grimmschen Text von „Hänsel und Gretel". Die Stiefmutter in Basiles Geschichte lebt jedoch noch, wird nun aber grausam bestraft, was wiederum eine Parallele zum Schluss des Märchens von „Brüderchen und Schwesterchen" darstellt.[23]

Das Jahr 1697 stellt einen Höhepunkt in der Chronologie von literarischen Fixierungen des Erzähltyps AaTh 327 A dar. Zu diesem Zeitpunkt brachte in Frankreich die dichtende Baronin Marie-Catherine d´Aulnoy den ersten Teil ihrer Sammlung „Contes de fées" („Feenmärchen") heraus. Im dritten der insgesamt acht Bände findet sich als dritte Erzählung „Finette Cendron" („Feinöhrchen Aschenbrödel").

Hier setzt die heuchlerische zweite Frau eines verarmten Königs die drei Töchter aus. Die jüngste namens Finette ist die positive Identifikationsgestalt in scharfem Gegensatz zu den beiden negativ gezeichneten älteren Schwestern und übernimmt schon von Anfang an die Führungsrolle. Sie belauscht das Gespräch der Eltern und holt sich nachts mithilfe eines Zauberpferdes Rat bei ihrer Feenpatin. Dabei legt sie Rückkehrspuren zum Elternhaus: zuerst mit einem Ariadnefaden, dann mit Asche und schließlich mit Erbsen, die aufgepickt werden. Darauf pflanzt sie eine gefundene Eichel, woraus ein Baum wächst, den sie besteigt und auf dem sie das Schloss eines Menschenfresserpaares erspäht. Sie führt die Schwestern in die Dämonenbehausung und tötet anschließend mit List nacheinander den Mann und auch die Frau.

Nun erfolgt die Kontamination von AaTh 327 A mit dem Erzähltyp AaTh 510 A, der mit dem Namen „Cinderella“ verbunden ist. Finette wird jetzt von der aktiven Initiatorin zum passiven Aschenbrödel degradiert, bekommt aber am Schluss wie im Grimmschen Märchen ihren Prinzen und heiratet ihn. Bei Madame d' Aulnoy nimmt Cinderella auch ihre älteren Schwestern auf und lässt ihre Mutter zusammen mit ihrem Vater in ihr altes Reich zurückkehren, was im Gegensatz zu den Geschichten sowohl von „Aschenputtel“ als auch von „Hänsel und Gretel“ steht.[24]

1697 ist vor allem auch das Erscheinungsjahr des Märchens, das als direkter und damit wichtigster Vorläufer der Grimmschen Ausprägung des Erzähltyps AaTh 327 A gilt. Der französische Schriftsteller und Staatsmann Charles Perrault veröffentlichte quasi zugleich mit der Baronin d 'Aulnoy in Paris bei Barbin seine Fassung der Wundergeschichte von den im Wald ausgesetzten Kindern als Nr. 8 unter dem Titel „Le petit poucet“ („Der kleine Däumling“) in seiner Sammlung „Histoires ou contes du temps passé, avec des Moralitez“ („Geschichten oder Märchen aus vergangener Zeit, mit anschließender

Moral") unter dem Namen seines Sohnes Pierre Darmancour Perrault.

Der Ausgangspunkt ist hier eine Hungersnot, die ein armes Holzfällerpaar dazu bringt, sich ihrer sieben Söhne entledigen zu wollen. Die Initiative dazu ergreift der Vater, der die Mutter überredet, die Kinder auszusetzen. Im Zentrum der Handlung steht nun der kleinste und jüngste der Familie. Er gilt zwar als dumm, ist aber außerordentlich gewitzt und führt seine sechs älteren Brüder souverän durch alle Fährnisse, die ihnen begegnen. So belauscht er das Gespräch der Eltern, streut auf dem Weg in den Wald zuerst Kiesel, dann Brotkrumen aus, die jedoch von den Vögeln aufgepickt werden, sodass diesmal eine Rückkehr der Kinder ins Elternhaus unmöglich ist. Nach vielen Irrwegen erreichen die sieben Söhne ein Haus, in dem ihnen aber die Ermordung droht.

Hier geschieht endgültig der Übergang von AaTh 327 A zum Erzähltyp AaTh 327 B, der den Titel „Däumling und Menschenfresser (Oger)" trägt. Die Brüder übernachten mit den Töchtern des Kannibalen im gleichen Zimmer, und der Jüngste bewirkt durch Vertauschung der Kopfbedeckungen, dass der gefräßige Hausherr seine eigenen Kinder statt der Knaben umbringt. Dann entwendet Däumling dem eingeschlafenen Oger unbemerkt dessen Siebenmeilenstiefel und listet der Ehefrau des Monsters unter einem falschen Vorwand deren gesamten Schatz ab. Am Ende kehrt der kleine Held nicht wie Hänsel und Gretel ins Elternhaus zurück, sondern schickt nur seine Brüder heim und steht selbst endgültig auf eigenen Beinen. Mit den schnellen Stiefeln des Menschenfressers schafft er als königlicher Bote künftig Wohlstand für die ganze Familie.[25]

Im Laufe der nächsten 100 Jahre gelangten die französischen Feenmärchen und damit auch „Le petit poucet" von Perrault über viele mündliche Erzählstränge allmählich nach Deutschland. So gab es in Hessen etliche verschiedene Versionen der Geschichte vom „kleinen Däumling". In dieser Hinsicht bildeten für die Sammlertätigkeit der Brüder Grimm Überlieferungen der Kasseler Apothekersfamilie Wild die Hauptquelle.

Die deutsche Urfassung des Erzähltypus AaTh 327 findet sich in der sog. „Oelenberger Handschrift" von 1810 als Nr. 11 unter dem Titel „Das Brüderchen und das Schwesterchen". Wilhelm Grimm schrieb sie eigenhändig auf; sein Bruder Jacob vermerkte dazu „alias: Hänsel und Gretchen" und setzte an den Rand „cf. Perrault petit poucet". 1812 wurde die Erzählung in den ersten Band der Sammlung „Kinder- und Hausmärchen" (KHM) übernommen und erschien in der bei Reimer in Berlin publizierten Erstausgabe als Nr. 15 unter dem bis jetzt gebräuchlichen Titel „Hänsel und Gretel" (KHM 15).

Das eingefügte Motiv vom essbaren Haus dürfte 1814 einem Zeitschriftenbeitrag des Schwäbisch Haller Gymnasiallehrers Friedrich David Gräter entnommen sein, der darin die Geschichte vom „zuckrigen Häuslein" erwähnt. Schon 1813 hatte Dorothea Wild, die Tochter des Apothekers, den Spruch der Kinder vom Wind als Antwort auf die Frage der Hexe zur Niederschrift des Märchens beigetragen.

Wilhelm Grimm überarbeitete den Text von 1812 gründlich für die Zweitauflage von 1819, beließ ihn bis 1840 nahezu unverändert und führte für die fünfte Auflage von 1843 noch einmal wesentliche Neuerungen ein. Der Straßburger Dialektdichter August Stöber übertrug die Grimmsche Fassung aus den ersten Ausgaben der KHM in seine Mundart, reicherte sie durch einige malerische Einzelzüge, reizvolle Verse und volkstümliche Redewendungen an und veröffentlichte diese Erzählung 1842 in seinem „Elsässischen Volksbüchlein" unter dem

Titel „Das Eierkuchenhäuslein". Genau diese neuen Zugaben aus der Dialektfassung übernahm Wilhelm Grimm in die fünfte Auflage von 1843, vermutlich ohne zu ahnen, dass er hier im Grunde nur den eigenen Text umformte.

1844 publizierte der Holzschneider Friedrich Wilhelm Gubitz in seinem „Deutschen Volkskalender" eine Rückübertragung von Stöbers elsässischer Geschichte ins Hochdeutsche und nannte sie „Die Kinder im Walde". Der Bibliothekar Ludwig Beckstein brachte diese Version schließlich 1845 in der Erstausgabe seines „Deutschen Märchenbuches" (DMB) als Nr. 8 dieser Sammlung unter dem schon bekannten Titel „Hänsel und Gretel" heraus.[26]

Die Brüder Grimm begannen um 1807 mit der Sammlung ihrer „Kinder und Hausmärchen". Der etwas ältere Jacob beendete seine aktive Mitarbeit mit dem Erscheinen der ersten Auflage von 1812 und 1815 und beschränkte sich künftig auf die strenge wissenschaftliche Kontrolle über die Entwicklung des Werkes. Eigentlicher Erzähler der Märchen war von Anfang an der jüngere Bruder Wilhelm, der alle folgenden Ausgaben der KHM allein bearbeitete und erweiterte. 50 Jahre lang bis 1857 bemühte er sich um die stoffliche und stilistische Aus- und Umgestaltung der gesammelten Wundergeschichten. Zwischen der Urfassung von 1810 und der Ausgabe letzter Hand von 1857 gab es die einschneidendsten Änderungen des „Hänsel und Gretel"-Textes beim Übergang von der „Oelenberger Handschrift" (1810) zum Erstdruck der KHM (1812) sowie von der vierten (1840) zur fünften Auflage der Sammlung (1843).

Im Laufe dieser Zeit entwickelte sich von einer Bearbeitung zur anderen langsam der typisch Grimmsche Märchenstil. Die Urfassung von 1810 ist gegenüber den nachfolgenden Versionen sparsamer, unmittelbarer, sachlicher und gleichsam holzschnittartiger.

Doch später wurde es immer mehr die Absicht des Redaktors Wilhelm Grimm, die erzählerische Folgerichtigkeit gegenüber einer Aneinanderreihung von Handlungsstücken hervortreten zu lassen. Mit dieser Fabel-Verdichtung ging auch zunehmend eine exaktere Sprachfassung und stärkere Tendenz zur Veranschaulichung und Emotionalisierung Hand in Hand. Änderungen des inneren Aufbaus, der Motivierung und der Dialogführung sollten vor allem der Umsetzung von Handlung in Gespräch und der Anpassung an kindliche Ausdrucks- und Denkweisen dienen. So wurden z. B. die Details der einzelnen Szenen immer breiter ausgemalt und die Anteile der wörtlichen Rede immer mehr erweitert.

Einerseits verharmloste Wilhelm immer stärker bevorstehende Grausamkeiten, trennte aber andererseits Gut und Böse immer strenger und konturierte die Gegensätze zwischen den Personen immer schärfer. Aus diesem Grunde zeichnete er im Verlauf der Bearbeitung besonders die Hexe greller und dämonischer ähnlich wie die leibliche Mutter der Kinder, die in den späteren Fassungen zur Stiefmutter wurde. Als positive Elemente führte er in den abschließenden Auflagen die Motive des weißen Vogels und der weißen Ente ein. Auf diese Weise erreichte er am Ende, dass der Text des Märchens in der Ausgabe letzter Hand demjenigen der „Oelenberger Handschrift“ künstlerisch weit überlegen war. Doch wurde diese Qualitätssteigerung im Sinne der pädagogischen Zielsetzung des Erzählers auch auf Kosten der Treue gegenüber der volksmäßigen Überlieferung erzielt und damit teuer erkauft.[27]

Es bleibt dazu noch anzumerken, dass Friedrich Wilhelm Gubitz 1844 in seiner Fassung von „Hänsel und Gretel“

gegenüber August Stöber und Wilhelm Grimm zwei bedeutende Abweichungen vornahm. Einmal wird in „Die Kinder im Walde“ gegen Ende die Hexe nicht von dem Mädchen in den Backofen gestoßen, sondern fällt durch die Hilfe des weißen Vögeleins fast versehentlich ins Feuer und verbrennt darin. Zum anderen verändert Gubitz den Schluss des Märchens, indem er die Geschwister nicht von einer Ente, sondern von einem Schwan über das große Wasser bringen lässt.

Dieses Motiv griff Ludwig Bechstein 1845 in seiner Variante von „Hänsel und Gretel“ wieder auf. Außerdem warnt bei ihm das schneeweiße Vögelein das Mädchen, das nun die Hexe selbst in den Ofen schiebt, bringt zusammen mit vielen anderen Waldvögeln den Kindern aus Dankbarkeit für die ausgestreuten Brosamen Perlen und Edelsteine und zeigt ihnen schließlich auch den Weg aus dem Wald. Der singende Zaubervogel und die übersetzende Ente, beide ganz in weißer Farbe, stammen ursprünglich von August Stöber, der sie 1842 in seine elsässische Märchenversion „Das Eierkuchenhäuslein“ einführte.

Bechstein publizierte in seinem „Deutschen Märchenbuch“ von 1845 übrigens auch eine deutsche Bearbeitung von Perraults Geschichte „Le petit poucet“ und damit von Erzähltyp AaTh 327B als Nr. 34 seines Werkes unter dem Titel „Der kleine Däumling“. Darin hielt er sich in allen wesentlichen Punkten an das französische Original, verkürzte jedoch stark die Dialoge sowie das Ende und milderte auch oder tilgte gar das Grausige und gelegentlich Frivole der ursprünglichen Fassung.

Ebenfalls 1845 erschien in Bechsteins Sammlung DMB als Nr. 14 das Märchen „Der goldene Rehbock“. Der Anfang mit dem verarmten Geschwisterpaar namens Hänschen und Gretchen und der Schluss mit den Enten, die für die beiden Kinder beim Gang über einen großen Teich eine Brücke bilden, erinnern an den Erzähltyp AaTh 327A. Allerdings sind die Gestalten des Menschenfressers und seiner Frau auch aus AaTh 327B bekannt, und die Verwandlung des Mädchens und des Jungen in einen Rosenstrauch verweist auf das Motiv der magischen Flucht aus AaTh 313A. Kernstücke der Geschichte sind jedoch der goldene Rehbock und der goldene Wagen in der zwölften Stube des Hauses der Unholde. Die Geschwister entdecken die beiden Zauberfahrzeuge und entkommen mit ihnen.

Aus diesem Grunde wird das Märchen dem eigenständigen Erzähltyp AaTh 313B zugeordnet. Außerdem veröffentlichte Bechstein 1845 in seinem DMB als Nr. 45 das Märchen „Die Königskinder", bearbeitete es aber für die Ausgabe seines Werkes von 1853 völlig neu und gab ihm auch einen etwas anderen Titel: „Die Hexe und die Königskinder". Als Kommentar fügte er hinzu, dass diese Erzählung „mit einem Zug" an die Geschichte „vom Hänsel und Gretel" erinnere. Damit dürfte der Bibliothekar die Ausgangskonstellation zwischen einem herumirrenden jungen Geschwisterpaar und einer alten Zauberin gemeint haben, die es in ihre Wohnung lockt, dort einsperrt und mästet, um es zu schlachten oder als verwandelte Hirschkälbchen an Jäger zu verkaufen. Doch stellen beide Fassungen des Märchens das Thema der magischen Flucht in den Vordergrund und entsprechen daher eher AaTh 313 A als AaTh 327A.[28]

Im Anschluss an die Grimmschen KHM gab der Heimatforscher Ignaz Vinzenz Zingerle zusammen mit seinem Bruder Joseph 1854 den zweiten Band seiner Sammlung „Tiroler Volksdichtungen und Volksgebräuche" unter dem Titel „Kinder- und Hausmärchen aus Süddeutschland" heraus. Darin sind als Nr. 18 und 37 die beiden Erzählungen „Die Fanggen“ und „Der Menschenfresser“ enthalten. Diese Geschichten weisen Parallelen zu „Hänsel und Gretel“ auf und entsprechen daher dem Typ AaTh 327A. Die wilden Fanggen oder Fängge in Tirol sind Waldgeister, die als grauenerregende Riesenweiber erscheinen und nach Kinderfleisch hungern.

Im nach ihnen benannten Märchen locken sie einen kleinen Jungen unter Versprechungen und Drohungen in ihre Höhle und sperren ihn in ein Ställchen, um ihn zu mästen und zu schlachten. Aus seinem Gefängnis streckt das Büblein statt seines Fingers einen Rechenzahn und täuscht damit eine Zeitlang die Riesinnen. Durch eine List entkommt der Junge und wird von seinem Schutzengel über einen großen Bach geflogen, in dem schließlich die verfolgenden Fanggen ertrinken.

Die zweite Erzählung stellt in den Mittelpunkt wieder einen Knaben als Helden, der aus einem leeren Fass der Titelgestalt des Menschenfressers ein Hölzchen statt eines Fingers entgegenstreckt und der so durch die List und das Mitleid eines alten Mütterleins sein Leben retten kann.

Jacob Grimm hatte 1835 seine „Deutsche Mythologie“ herausgebracht, die Ignaz Vinzenz Zingerle als Vorbild für den Aufbau seiner 1859 erstmals publizierten „Sagen aus Tirol“ ansah. Unter dem Titel „Die Langtüttin“ teilt der Heimatforscher darin eine Erzählung mit, die aus dem Passeier Tal in Südtirol stammt und das Kindermärchen von der kannibalischen Hexe in die Sagenwelt überträgt. In der ersten Auflage von 1859 wurde der Text als Nr. 127 gezählt, in der zweiten vermehrten Auflage von 1891 als Nr. 181.

Die Fangge mit dem Namen Stempa oder Langtüttin, d. h. „Langbrüstin“, ist die Perchta oder Holle der alpenländischen Glaubensvorstellung, die als gefürchtete hässliche Unholdin erscheint. Bei Zingerle tritt sie als überversorgende und ihren Gelüsten wild folgende Verschling- und Austreibungsdämonin auf, die kleine Buben einfängt, indem sie ihnen ihre gewaltigen Brüste anbietet, aus denen einerseits Milch und andererseits Eiter fließen. Der achtjährige Junge in der erwähnten Sage entkommt dem Riesenweib durch eine List mit dem Zeichen des Kreuzes im Zaun. Aber die Langtüttin hat auch kleine Mädchen bei sich. Unter dem Namen Platta-Pfott versucht sie diese zu verderben, wird aber durch das Wirken einer weiß gekleideten Frau daran gehindert.

Übrigens brachten die Brüder Zingerle in ihren „Kinder- und Hausmärchen aus Süddeutschland" von 1854 auch nach Bechsteins Übertragung nochmals eine allerdings recht eigenständige deutschsprachige Version von Perraults „Le petit poucet" als Nr. 55 ihrer Sammlung unter dem Titel „Der daumlange Hansl" heraus.[29]

Der Erzähltyp AaTh 327A ist in Deutschland, Europa und aller Welt recht gut belegt. Von ihm dürften insgesamt mindestens 70 deutschsprachige Varianten existieren. Zu den Ersten, die Motive dieses Märchenstoffs verzeichneten, gehört die livländische Erzieherin Caroline Stahl, die nach Friedrich David Gräter in ihrer Sammlung „Fabeln, Mährchen und Erzählungen für Kinder" von 1818 ein „Häuschen von Zuckerwerk" erwähnte.

Wie die beiden Fassungen von „Die Königskinder" in Bechsteins DMB beginnt eine schlesische Version der Geschichte aus dem Jahr 1867 mit dem Motiv der Kindesaussetzung, endet aber mit der magischen Flucht und kontaminiert auf diese Weise die beiden Typen AaTh 327A und AaTh 313A. Hier geht jede wichtige Aktivität von dem Jungen aus.

Im Gegensatz dazu steht eine erstmals 1901 gedruckte, aus Ostholstein stammende Fassung, in der das Mädchen Greeten von Anfang an die Initiative ergreift und Hans durch die Gefahren des Waldes bis zur glücklichen Heimkehr hindurchführt. Ansonsten zeichnet diese Variante die Handlungsstruktur von KHM 15 mit geringen Abweichungen im Wesentlichen nach und dürfte damit von Grimm nicht ganz unabhängig sein.

Zwei bayerische Versionen des Märchens aus dem Jahre 1855 verschmelzen entweder mit AaTh 450 („Brüderchen und Schwesterchen") oder mit AaTh 720 („Von dem Machandelboom").

Es existiert außerdem eine 1928 aufgezeichnete, aber bisher noch nicht veröffentlichte ostpreußische Fassung, die „Hänsel und Gretel" sehr nahe steht, aber unter dem Titel „Der Fischerjunge und die Fresshexe" als eigenständiger Erzähltyp AaTh 327 F gilt. Davon gibt es zahlreiche litauische, lettische, russische, weißrussische und ukrainische Varianten. Hier fängt die Zauberin einen Knaben und – gleichzeitig, aber getrennt von ihr – die Hexentochter ein Mädchen. Die Kinder werden in eine Kammer gesperrt und gemästet. Sie töten dann beide Dämoninnen, die Mutter durch Verbrennen im Backofen, die Tochter durch Werfen eines Steinsacks. Mit den Schätzen der Unholdinnen gehen sie schließlich zu den Eltern des Jungen und heiraten dort später, als sie erwachsen sind.

Bei den Wenden, der in Ostdeutschland ansässigen westslawischen Minderheit, ist eine erstmals 1882 publizierte Geschichte überliefert, die in allen wichtigen Punkten Wilhelm Grimm folgt und sich daher als Nacherzählung von KHM 15 erweist.[30]

Europaweit gibt es eine große Zahl von Varianten des Typs AaTh 327A in vielen Abwandlungen, Anfügungen, Verkürzungen und Erweiterungen. Etwa 200 Texte, die Grundmotive des Märchens von „Hänsel und Gretel“ enthalten, sind in gedruckter oder aufgezeichneter Form archiviert und zugänglich. Nur Belege aus Großbritannien, Irland, Spanien, Holland und Bulgarien scheinen zu fehlen. Auch viele außereuropäische Länder auf fast allen Kontinenten kennen verwandte Erzählungen mit Parallelen zu AaTh 327 A. Einzig Australien macht hier nach dem bisherigen Wissensstand eine Ausnahme.

Drei Beispiele, die für die internationale Verbreitung der Grimmschen Kinder- und Hexengeschichte repräsentativ sind, seien nun kurz vorgestellt. Das erstmals 1861 publizierte russische Märchen „Fürst Danila-Govorila“ behandelt im Mittelteil die Auseinandersetzung einer heranwachsenden Prinzessin mit der Menschenfresserin Baba Jaga. Die Tochter der Kannibalin unterstützt die junge Frau in diesem Kampf und hilft ihr, die Zauberin in den geheizten Backofen zu schieben. Die Erzählung verbindet aber AaTh 327A mit dem Inzestbegehren des Bruders, der die eigene Schwester heiraten will (AaTh 510C), und mit der magischen Flucht (AaTh 313A), an deren Ende die Hexe überwunden wird und im Flammenmeer verbrennt.

Ein isländisches Märchen, das 1902 in deutscher Übersetzung unter dem Titel „Die Königskinder in der Höhle der Riesin“ erschien, beginnt mit der Aussetzung eines jungen Geschwisterpaares in einer Steinkiste auf dem Meer durch eine böse zauberkundige Stiefmutter. Der schlaue Bruder ergreift von nun an im Gegensatz zur ungeschickten Schwester bis zum Ende die Initiative. Auf einer Insel geraten die beiden in die Gefangenschaft einer blinden fressgierigen Trollin. Sie töten zwei Schweine und entkommen unter deren Schwarten. Hier klingt das „Polyphem“-Märchen (AaTh 1137) an, in dem

Odysseus auf ähnliche Weise den einäugigen Riesen überlistet. Die Hexe verfolgt dann die Geschwister, stürzt aber dabei in eine Schlucht und stirbt.

Erst 1984 wurde als Märchen aus dem Tessin die „Geschichte vom tapferen Giuanin" in deutscher Übersetzung veröffentlicht. Hier bittet die überforderte verwitwete Mutter eines Tunichtguts dreimal den Dorfpfarrer, ihren Sohn im Wald auszusetzen. Beim dritten Mal findet Giuanin nicht mehr zurück, sodass ihm die Muttergottes erscheint und ihm drei Zaubersteine schenkt. Mit deren Hilfe schafft er sich ein Haus, ein ständiges Essen und vor allem eine Harmonika herbei, nach der jeder tanzen muss, wenn sie gespielt wird. Hier verschmilzt das Märchen mit dem Erzähltyp „Der Mönch und der Junge" (AaTh 592). Am Ende versöhnt sich Giuanin mit der Mutter und heiratet schließlich deren junge Freundin.[31]

Übrigens gibt es in Frankreich kaum Varianten von AaTh 327A, weil dort alle infrage kommenden Geschichten mehr oder weniger von Perrault abhängig sind. Der Menschenfresser (Oger) wird hier manchmal durch den Teufel oder ein scheußliches Ungeheuer ersetzt; bei der Flucht der Kinder hilft gelegentlich die Muttergottes, sonst ein Mensch (z. B. Wäscherin) oder ein Tier (Hündin).

In Deutschland wiederum ist AaTh 327B wegen „Hänsel und Gretel" nicht sehr verbreitet. Immerhin sind trotzdem 18 deutschsprachige Fassungen bekannt. Neben Becksteins "kleinem Däumling" und Zingerles „daumlangem Hansl" dürfte das Märchen „Die sieben Geschwister", das Louis Curtze 1860 in seiner Sammlung „Volksüberlieferungen aus dem Fürstenthum Waldeck" als Nr. 27 herausgab, die bedeutendste Version von Perraults hiesigen Abkömmlingen sein, gerade weil sie als gute Nacherzählung der französischen Vorlage gilt.

Hier ist die vorliegende Arbeit mit ihrer Darstellung wieder in Deutschland angekommen, und damit hat sich der Kreis der literaturwissenschaftlichen Interpretation von AaTh 327A geschlossen.[32]

4. Psychoanalytische Interpretation des Märchens

Eine sog. „psychoanalytische" Deutung erfolgt primär nach der Methode Sigmund Freuds. Der „Altmeister" der modernen Psychologie erprobte seine Interpretationstechnik zuerst um 1900 an Träumen. 1908 wandte Franz Riklin diesen Ansatz erstmals auch auf Märchen an. Bruno Bettelheim übertrug Freuds Methode systematisch auf etliche Erzählungen der Brüder Grimm, darunter auch auf den Typ AaTh 327A in seinem 1977 in Deutschland erschienenen Buch „Kinder brauchen Märchen". 1987 erweiterte er seine diesbezüglichen Ausführungen noch in dem Aufsatz „Hänsel und Gretel, mein Lieblingsmärchen". Andere Autoren bereiteten auf der psychoanalytischen Ebene seine Deutung vor oder schlossen sich ihr an.

1997 in einer Einzelausgabe und 2003 in einem Sammelband legte Eugen Drewermann eine eigenständige Interpretation des Märchens vor, in der er sich weitgehend Freudscher Argumentationsmuster bediente, aber doch auch entscheidend darüber hinausging. Während Bettelheim und andere in ihren Arbeiten immer die Erlebnisweisen von zwei unterschiedlichen Kindern analysieren, die von den oralen Fixierungen auf ihre Mutter nicht lassen wollen, betrachtet Drewermann die Gestalten des Geschwisterpaares „subjektal" als Seiten ein und derselben männlichen Persönlichkeit von Hänsel, wobei Gretel für ihn eine reine Metapher ist. Er begründet sein Vorgehen mit dem Hinweis auf die Grimmsche Vorlage von Perrault, die über einen kleinen Jungen berichtet, der sich in einer ihm fremden Welt zurechtfinden muss.

Im Spannungsfeld dieser beiden Deutungsausrichtungen hat sich nun die folgende Darstellung der vorliegenden Abhandlung zu bewegen. Einerseits wird sie die Grundlinien des psychoanalytischen Ansatzes von Bettelheim nachzeichnen und sie durch Argumente anderer „Freudianer" ergänzen, andererseits aber immer wieder Drewermann im Blick haben und ihn immer dann in die Interpretation einbeziehen, wenn er von Bettelheim und entsprechend deutenden Autoren entscheidend abweicht.[33]

Eine Auslegung des Märchens nach Freuds Methode setzt bei der Psychologie des Kindes an und geht davon aus, dass alle Ereignisse in der Geschichte aus der Sicht des kleinen Geschwisterpaares betrachtet und auf sie bezogen werden. Dies wird gleich zu Beginn deutlich: Das Gespräch, das die Kinder belauschen, wird so wiedergegeben, wie s i e es verstanden haben. Im Grunde wachen sie in dunkler Nacht hungrig auf und haben schreckliche Angst, verschmäht und im Stich gelassen zu werden, was sie als Furcht zu verhungern erleben. Dabei steigern sie sich in das Gefühl hinein, ihren Eltern zur Last zu fallen, und glauben schließlich, dass diese sie loswerden und aussetzen wollen.

Hänsel und Gretel zeigen mit diesen Einstellungen, dass sie keine Babys mehr sind, sondern etwa im Kindergartenalter sein dürften. Sie denken auf ihre Weise über sich und die Umgebung nach, stellen dabei durchaus sich selbst und die Dinge infrage und leben somit nicht mehr in der ursprünglichen Einheit mit den Eltern und der Welt. In dieser Phase wollen sie zeitweise wieder ganz klein sein und alle Verantwortung für sich und ihr Verhalten abschieben. Die Eltern verhalten sich gegenüber diesen Versuchen meist reserviert, ablehnend oder gar zornig. Bei den Kindern lösen diese Distanz und

Zurechtweisung Wut und Furcht aus, die dann in der Phantasie ausagiert werden.

So projizieren Hänsel und Gretel ihre ängstlichen und aggressiven Gefühle auf die Eltern, besonders aber auf die Mutter, die bisher für sie die Quelle aller Nahrung repräsentierte, nun sich aber verweigert. Jetzt erleben die beiden Geschwister, dass die frühere Spenderin alles Guten sie mitten im Wald allein lässt. Denn diese ist nicht mehr bereit, alle oralen Bedürfnisse ihrer Sprösslinge uneingeschränkt zu erfüllen. Die tiefe Enttäuschung darüber verleitet die Kinder zu der Annahme, dass die einstige Nahrungsquelle als Person plötzlich lieblos, selbstsüchtig, gemein und bösartig geworden sei.

In der Vorstellung von Hänsel und Gretel verwandelt sich nun die „gute" Mutter, die sie bisher kannten und die ihnen alles gegeben hat, in eine „böse" Stiefmutter, die den Kleinen und ihren Wünschen nicht mehr entgegenkommt und sie jetzt sogar existenziell vernichten will. In dieser Konstellation und auch im weiteren Verlauf des Märchens bleibt der Vater eine schattenhafte, unwirksame Figur, die ganz im Hintergrund steht, während die Mutter in ihren wohltuenden wie bedrohlichen Aspekten die zentrale Gestalt ist, die am Anfang das innere Leben der Kinder dominiert.[34]

Drewermanns „subjektale" Betrachtungsweise der psychoanalytischen Methode geht hier noch einen Schritt weiter. Sie sieht nicht nur die Geschwister als zwei Seiten der einen männlichen Hauptfigur, sondern auch die Gestalten von Vater und Mutter als die widersprüchlichen Stimmen im Erleben ein und derselben mütterlichen Person.

Dabei ergeben sich fließende Übergänge zur subjektstufigen Interpretationsmethode bei C. G. Jung. Alles läuft hier auf eine komplizierte Mutter-Sohn-Problematik hinaus. Nach Drewermanns Auffassung gehört zum Grundgefühl von Hänsel das quälende Empfinden elementarer Verneinung. Die Tatsache, in Armut aufzuwachsen, bedeutet für ihn, unerträglich lästig zu sein.

In diesem Kontext verwandeln sich alle sonst selbstverständlichen Kinderbedürfnisse in Zumutungen, die mit der Realität nicht übereinstimmen. Hänsels Mutter fühlt sich am Rande ihrer Kräfte. Sie meint es nur gut, aber ihr Sohn ist zuviel. Dabei sucht sie ihren Mangel an ursprünglichem Wohlwollen mit einem Maximum an gutem Willen zu überspielen und gerät in einen Teufelskreis aus Mögen und Unvermögen, aus Pflicht und Flucht und damit in einen Widerstreit gespaltener Gefühle, der alles durchzieht. Zwar leidet sie akut unter Nahrungsmangel und handelt aus diesem Grunde so unbarmherzig, aber trotzdem erscheint sie von außen betrachtet nur als gefühllose, egoistische „Mörderin“, die nichts als die Gesetze einer eiskalten, nüchternen Rationalität kennt.

Doch ihr schwächlicher ratloser Mann verkörpert die Gegenstimme in ihrem eigenen Herzen und damit ihre unterdrückte Gefühlsseite, die sie durch rabiate Härte übertönen und dem Diktat ihrer Pflichtauffassung unterwerfen muss. Diese Frau liebt ihren Sohn, aber ihre Zuneigung verformt sich unter dem Druck einer verzweifelten Armut zur Lüge, die sich im ständigen Widerspruch zwischen „Vater“ und „Mutter“ ausdrückt. Doch die „Verbrecherin“ lügt aus Verantwortungsgefühl, Mitleid und Verbundenheit in Bezug auf ihren Sohn. Armut und Not verstellen ihr den Zugang zu ihm und auch zu sich selbst und machen aus ihr ein Wesen, das bis in das Innerste seines Gefühls hinein sich selbst fremd geworden ist.

Hänsel weiß im Blickwinkel von Drewermanns Interpretation schon längst, dass ihm die Mutter nicht die Wahrheit sagt, und kennt auch den Grund dafür. Er versteht ihre Not, aber auch ihre Notlüge, mit der sie versucht, die notwendige Grausamkeit ihres Verhaltens ins Menschlich-Milde umzudichten. Nach außen hin dürfte er spröde und verschlossen wirken, weil er sich sehr schwer tut, seine eigenen Gefühle anderen mitzuteilen. Zu ihm gehört wesentlich das Motiv der Lebenssicherung durch überragende Wachsamkeit, Hellsichtigkeit und Intelligenz. So wie seine Mutter gerade die stärksten Gefühle vom Verstand her zu steuern weiß, so spürt auch der Sohn, der an ihrer Seite heranwächst, sehr bald schon die Pflicht zu einer vollständigen Beherrschung aller Gefühlsregungen.

Aber so verführt die in Widersprüchlichkeit verstrickte Frau ihr Kind geradewegs zu einer suchtähnlichen Realitätsverleugnung. Hänsel denkt sich mit allen Kräften seines Verstandes eine Welt aus, in der das Unmögliche trotz allem wirklich sein kann. Seine Sehnsucht nach der Mutter steigert sich in eine Sucht hinein, die sich bei ihm aus dem Geflecht einer phantastischen Mischung von gutem Willen, einem beachtlichen Verständnis und einem falschen Verantwortungsbewusstsein entwickelt. Das Ergebnis ist die Spaltung in ein Kind, das nach außen als „Hänsel" klug, wissend und selbständig handelt, während es innerlich in seinem „Gretel"-Anteil voller Heimweh und Traurigkeit ist. Es hat seine Mutter verloren, weil große Not die einst Liebende zu Härte und Abweisung drängte.[35]

Im Gegensatz zu Drewermanns „subjektalem" Deutungsansatz müssten alle anderen psychoanalytischen Interpretationen, die jede Märchenfigur als objektive Textvorgabe einzeln für sich betrachten, eigentlich „objektal" genannt werden. Da sich dieser Begriff bisher nicht in die Forschung einbürgern konnte, gebraucht ihn die vorliegende Arbeit nur unter Vorbehalt. Bettelheim und andere Autoren sehen zwar die Mutter-

Kind-Beziehung als zentrales Thema der Erzählung an, das in der Begegnung mit der Hexe den intensivsten Ausdruck und die schärfste Zuspitzung erfährt. Aber sie deuten die Gestalten nach wie vor getrennt, auch wenn sie fließende Übergänge und innere Zusammenhänge zwischen der unbarmherzigen Ehefrau und der kannibalischen Waldbewohnerin feststellen.

Das Lebkuchenhaus, das die Kinder anlocken soll und das sie „aufessen" können, ist für den „objektal" interpretierenden Psychoanalytiker ein Symbol der Mutter, die den Fötus und später auch den Säugling mit ihrem Körper nährt. Dieses Gebilde „wie aus dem Schlaraffenland" steht für die ursprünglich alles spendende Quelle, die jedes Kind später irgendwo in der Außenwelt wiederzufinden hofft, wenn seine eigene Mutter anfängt, Forderungen zu stellen und ihm Beschränkungen aufzuerlegen.

Hänsel und Gretel lassen sich von ihrer Gier nach oraler Befriedigung ganz hinreißen und überhören dabei völlig die Stimme ihres warnenden Gewissens. Die unbeherrschte Gefräßigkeit der Geschwister zeigt ihre ungehemmte Hingabe an die triebhaften Impulse aus dem unbewussten „Es". Aber die Konsequenz dieses lustvollen, aber besinnungslosen Handelns der beiden wäre die totale Zerstörung des Lebkuchenhauses.

Auf der gleichen seelischen Ebene befindet sich jedoch dann auch die Absicht der Hausherrin, die Kleinen zu verspeisen. Die Hexe personifiziert in ihrem kannibalischen Wesen geradezu die destruktiven Aspekte der Oralität. Sie symbolisiert auf drastische Weise eine Art Mutter, die ihr Kind am liebsten „vor Liebe fressen" und verschlingen würde, um es für immer bei sich zu behalten. So hält sie es auf einer Entwicklungsstufe fest, die keine weitere Reifung zuläßt. Die Entsprechung auf der anderen Seite ist aber oft auch die innere Tendenz des Sprösslings, sich angstvoll mehr denn je an seine frühere Nahrungsquelle zu klammern. Meist ist es ein Prozess der Wechselwirkung zwischen beiden, die auf diese Weise sehr lange in starkem Maße aufeinander fixiert bleiben können.

Die Geschwister im Märchen regredieren hier zum embryonalen oder frühkindlichen Zustand der innigen Verbundenheit mit dem Uterus oder der Mutterbrust und geraten in die Gefahr, auf dieser infantilen Entwicklungsstufe stehen zu bleiben. Die Hexe verwöhnt nun besonders den Knaben, mästet ihn und lässt sich jeden Morgen von ihm einen Finger zeigen, der ein altes Phallussymbol darstellt. Ein solches Verhalten erinnert an den von Freud entdeckten Ödipuskomplex. Aber nicht nur kleine Söhne haben den Wunsch, ihre Mütter besitzen zu wollen, sondern diese hegen ihren Jungen gegenüber oft ähnliche Gefühle. Die naturgegebene Anziehung zwischen Männlich und Weiblich setzt sich hier offenbar auch über moralische Skrupel und große Altersunterschiede hinweg. Zusätzlich unterstreicht die Hexe noch den Anteil der Mütter an der interfamiliären Erotik durch die Unterdrückung des Mädchens, das zur Arbeit gezwungen wird und so noch dazu unter der Bevorzugung des Bruders zu leiden hat.[36]

Hier ergibt sich ein gewisser Berührungspunkt mit dem „subjektalen“ Interpretationsansatz, der die Mutter-Sohn-Problematik als zentrales Thema des Märchens behandelt. Drewermann deutet den Gang des Jungen in den Wald auch in diesem Zusammenhang. Für ihn bildet der Übergang von der Mutterwelt zur Hexenwelt den Eintritt in ein Zauber- und Geisterreich voller Sehnsüchte und Visionen, Träume und Albträume, Ahnungen und Ängste. Das Lebkuchenhaus stellt hier Hänsels kompensatorische Wunscherfüllungsphantasie als Ausgleich zu den Entbehrungen der Realität und damit auch seine teils bewusste, teils unbewusste Umkehrvorstellung zur materiellen Situation im wirklichen Leben dar. Bei dieser Regression gewinnt die Mutter der Säuglingszeit noch einmal Gestalt, als sie mit ihrer Gegenwart dem Kind alles war. Die Angst der Verlassenheit treibt den Sohn zurück in ein Paradies voller Harmonie, in dem es die „orale“ Zerspaltenheit noch nicht gab. Aber im Wunschtraum von der guten Mutter versteckt sich jedoch der Albtraum von der endlos hungrigen, fressenden Mutter.

Die Ambivalenzen von Hunger und Not lassen das Bild dieser Frau im Erleben des Kindes derart widersprüchlich erscheinen. Aus Hänsels Perspektive droht jeder, der in dieser Welt etwas zu essen wagt, augenblicklich zur Strafe selbst gefressen zu werden. Die Hexe, die aus dem Kuchenhaus kommt, ist eigentlich die Person gewordene Wahrheit dessen, was die Mutter für ihren Sohn wirklich bedeutet. Wenn diese Frau ihr Kind mit Essen nährt, tut sie es nur, um selbst seine Existenz wie ein Nahrungsmittel in sich hineinzuschlingen. Sie weist den Jungen unter dem Einfluss der Not von sich und wirkt auf ihn mit dem Druck eigener schwerer Schuldgefühle ein.

Hänsel ist nun auf die einzige Frage fixiert, wie er der Mutter bis zur Grenze völliger Selbstaufgabe helfen kann, und steigert sich in diese Obsession hinein, die nur noch den Zweck verfolgt, die „Menschenfresserin“ zu meiden. Die Liebe dieses Vampirs ist wie ein Magnet, der das Herz des Kindes wie seinen Gegenpol ansaugt und festhält. Beide stehen zueinander in einem suchtähnlichen Verhältnis, gemischt aus Hunger, Sehnsucht, Ambivalenzen, Schuldgefühlen, Wiedergutmachungen, Illusionen und wahnhaften Vorstellungen. Der Junge will verhindern, vom „Hunger“-Anteil seiner Mutter „verschlungen“ zu werden, und wählt als letzte Zuflucht seiner Angst die Magersucht.

Dieses Ausweichen stellt einen extremen Versuch dar, niemandem auf Erden mehr lästig zu sein. Bei dieser Krankheit wird die sexuelle Thematik der oralen Problematik gewissermaßen nur wie einer Trägerwelle aufmoduliert. Der Finger des Knaben, den die Hexe befühlt, ist für Drewermann ein Freudsches Symbol, mithin der Ausdruck geschlechtlicher Ängste, steht aber auch als Teil für den ganzen Leib des Kindes. „Körper" bedeutet jedoch für Hänsels magersüchtiges Erleben im „Ställchen" von vornherein das am meisten Abzulehnende und das zutiefst Unheimliche.

In seiner Sicht tritt jede Frau wie eine Hexe an ihn heran, um zu tasten, ob „es" an ihm schon „groß" und „dick" genug ist, und dann den ganzen Jungen auf ihrem Ofen zum „Kochen" zu bringen. Dieses kranke Kind lebt wie ein Häftling im Konzentrationslager und ist jeden Tag des Todes gegenwärtig. Hinter jeder Frau tritt für den Magersüchtigen die kannibalische „Alte" hervor, die gestaltgewordene und dem Leben eingeschriebene Verwesung, die von allem „Fleisch" schon bald nur noch die „Knöchelchen" übriglässt.[37]

Die „objektal" interpretierenden Psychoanalytiker zeichnen an dieser Stelle ein zwar spannungsreiches, von starken Gegensätzen beherrschtes, aber doch weniger düsteres Bild als Drewermann. Schon Freud ging in seinem Spätwerk von einem Wiederholungszwang, der sich über das Lustprinzip hinweggesetzt, und in diesem Zusammenhang von einem Todestrieb (Thanatos) als Antagonisten des Lebenstriebes (Eros) aus. Neuere Ansätze betrachten die Wiederkehr als ein Verwandlungsmoment, das sich sowohl in Richtung von Tod und Konservierung als auch in die Richtung einer Herausforderung von Neuem bewegen kann. Dies hat mit dem Zwang zu tun, der den Menschen in die Wildnis des Lebens hineinschickt und ihn nötigt, um sein Überleben zu kämpfen.

Das Hexenhaus im Märchen stellt eine Wiederholung des Elternhauses dar, in dem sich die Kinder gerne aufhalten und aus dem sie nicht ausziehen wollen. Es ist das Alte noch einmal, nur noch schöner, bequemer, verlockender. Dies bedeutet jedoch Einsperrung, Gefangenschaft und Versteinerung. Die Wiederholung des Gleichen lässt die Lebensbewegung in einem Teufelskreis von Schwärmerei und Bestrafung, von „Sünde“ und „Buße“ erstarren. Doch die Grundbedingungen selbst, die dem Menschen immer wieder begegnen, bringen ihre eigene Umwandlung oder Umkehrung mit sich, sodass auch der Zwang, das alte Haus verlassen zu müssen, untrennbar mit dem Beginn neuer Unternehmungen verbunden ist.

Dieses Lebensgesetz dürfen auch Hänsel und Gretel erfahren. Bruder und Schwester stellen hier als Symbol ein Vorwärts- und Zurückstreben der Libido zugleich dar und verkörpern in einem unerlösten, nicht gereiften Zustand die zwei Seiten der Lebensenergie, nämlich Eros und Thanatos. Um sich weiterzuentwickeln, müssen sie sich von der Hexe befreien, damit sie deren Schätze entdecken können. Denn die böse, verschlingende Mutter hat auch gute, spendende Seiten, die bisher nur verborgen waren.

Erst wenn sich die Kinder vom Bild des destruktiven Weiblichen innerlich gelöst haben, können sie auch dessen konstruktive Aspekte in sich sehen und neue seelische Qualitäten, Werte und Fähigkeiten entfalten. Hexe und Stiefmutter sind am Ende tot, was auf die innere Identität der beiden Frauengestalten hindeutet. Die Hütte des Holzfällers und das Lebkuchengebäude der Kannibalin stellen auch nur die beiden Seiten des Elternhauses dar, die aber zusammengehören: Die eine befriedigt, die andere frustriert. Schließlich weist die Überquerung des großen Wassers, die Hänsel und Gretel mithilfe der weißen Ente gelingt, auf den Übergang von der kleinkindlichen Entwicklungsstufe zur höheren des Schulalters hin.

Die Geschwister haben sich nun von ihren ödipalen Fixierungen und oralen Ängsten befreit und haben dabei gelernt, selbstständig zu handeln, ihren eigenen Verstand einzusetzen und zwischen ihrem phantastischen Wunschdenken und den realen Verhältnissen zu unterscheiden, sodass sie auf dieser Basis ein neues Selbstvertrauen entwickeln können. Dies alles sind jetzt ihre inneren Reichtümer, die sie vorher äußerlich bei der Hexe gefunden haben. Am Ende des Märchens ändert sich alles, weil sich die Einstellung der Kinder grundlegend gewandelt hat.[38]

Bei Bettelheim und den anderen psychoanalytischen Autoren erfolgt in der Erzählung die Art und Weise des Übergangs zum positiven Schluss relativ schnell und glatt. Drewermann spitzt in seiner Deutung die Situation erst auf dramatische Weise zu, ehe es dann bei ihm zum Umschlag kommt. Dabei geht er „subjektal" von Hänsels „Gretel"-Seite aus, die auf der inneren Ebene als Gefährtin unsäglicher Wehmut und nächtliches Traumbild erscheint. Aber gerade der gegensätzliche Aspekt dieses Anteils, der durch die eigentümliche „Hilfsbereitschaft" der „Seelenschwester" gegenüber den Aufträgen der „Hexe" repräsentiert wird, gehört wesentlich zum Erleben des magersüchtigen Jungen.

Diese innere „Gretel" stellt die gelebte Mischung aus hilflosen Depressionen und endlos ausbeutbaren Wiedergutmachungsversuchen dar und taucht jetzt als die Seite des Sohnes auf, die als einzige mit der „fressenden" Mutter überhaupt noch in Kontakt steht. Im Ghetto der Angst- und Schuldgefühle von

Hänsels Magersucht herrscht förmlich ein Zwang vor, sich für die „Kannibalin" immer bedingungsloser und unerbittlicher aufzuopfern. Doch die „Seelenschwester" begreift, dass die Zeit der „Zusammenarbeit" mit der „Hexe" ein Ende haben muss, weil die Krankheit des Jungen über kurz oder lang, nach etwa vier Wochen, zu einer Grundsatzentscheidung auf Leben und Tod nötigt.

Hänsel bemerkt im letzten Augenblick noch, dass sich der zutiefst ambivalente Auftritt der „Hexe" zwischen „Zuckerhaus" und „Ställchen" ganz und gar im Inferno der eigenen Psyche „subjektal" zwischen Wunsch und Verbot, Strafangst und Selbstopfer, verdrängter Aggression und Autodestruktion abspielt. Er setzt sich mit dieser Mutterimago kritisch auseinander und erkennt, dass die „menschenfressende Hexe" nicht ein Teil der Realität, sondern ein Gespenst seiner Vorstellung ist, das ohne Wenn und Aber als Ganzes beseitigt werden muss, wenn so etwas wie ein sinnvolles Dasein möglich sein soll.

Die Lösung des bestehenden Konflikts kann nur von der „Gretel"-Seite aus erfolgen, die mit ihrer Dienstfertigkeit und Ausbeutbarkeit die Beziehung zur „Hexe" definiert hat und die nun aufgerufen ist, die ganze Art dieses Verhältnisses zu beenden. Zum ersten Mal öffnet sich Hänsel die Tür des „Ställchens" zu einem Leben in Weite und Freiheit; dabei werden ihm erstmals Schritte in eine eigene Existenz möglich. So bedeutet auch die Überquerung des Sees die Erschaffung einer neuen Welt in Selbständigkeit und Eigenverantwortung jenseits der tödlich gewordenen Abhängigkeit von einer destruktiven Imago.

Danach beginnt der Sohn die innere Aussöhnung mit der „wirklichen" Mutter, versteht schließlich die notvollen Brechungen in ihrem Charakter und entdeckt dann auch eine

Art Dankbarkeit für sie neu. Nun geht es für ihn noch einzig darum, den Vater im Haus, d. h. die eigene Rolle als Mann im Leben zu finden und als maskuline Person bei sich selbst anzukommen. Seine Entwicklung läuft damit letztlich auf die völlige Integration der männlichen und weiblichen Seite von Hänsel hinaus, was sich am Schluss in den Schätzen der „Hexe" zeigt, die den Ertrag beider Anteile im Wesen des „heimgekehrten" Jungen repräsentieren.

„Subjektale" und „objektale" Betrachtungsweisen der psychoanalytischen Märcheninterpretation erkennen gemeinsam den Wert der Autonomie als Zielpunkt des Wachstumsprozesses an, wobei diese Perspektive Drewermann nur auf Hänsel bezieht und Bettelheim sie auch auf Gretel als eigenständige Person ausdehnt. Bei anderen Autoren gibt es zwischen den beiden gegensätzlichen Deutungen allerdings auch fließende Übergänge.[39]

5. Interpretation des Märchens unter der Perspektive der Analytischen Psychologie C. G. Jungs

Der Interpretationsansatz in diesem Kapitel orientiert sich an C. G. Jungs „Analytischer Psychologie“ und wendet deren therapeutisches Verfahren auf Märchentexte an. In seinem ersten Hauptwerk „Symbole der Wandlung“, das erstmals 1912 erschien und 1952 in seiner definitiven Fassung veröffentlicht wurde, erwähnt Jung „Hänsel und Gretel“ als deutsches Paradigma der Geschichte von den kannibalischen Nachtgespenstern Lilith und Lamia sowie als Variante des Jona-Walfisch-Komplexes.

In diesem drachenartigen Tier sieht der Begründer der „Komplexen Psychologie“, wie C. G. Jung seinen Ansatz zeitweilig nannte, ein Bild der furchtbaren Mutter, „des gefräßigen Todesschlundes, in welchem die Menschen zermahlen und zerstückelt werden“. Jung spricht auch in diesem Zusammenhang mit dem Schlangensymbol von der „mater saeva cupidinum“, der „wilden Mutter der Begierden“, die den ihrer Gewalt Entronnenen gefährlich „in Gestalt des Unbewussten“ entgegentrete und sie zu verschlingen drohe.

Erich Neumann interpretiert in seinem Standardwerk „Die Große Mutter“ von 1956 die Knusperhexe aus „Hänsel und Gretel“ als „gültiges Beispiel“ für eine höchst zwiespältige Beziehung zwischen der Magna Mater und ihren „Kindern“. Die Kannibalin erscheine zunächst als „gute Mutter“, die „einem infantilen Ich zugeordnet und dann für eine negative Entwicklungssituation typisch“ sei.

Diese Deutung ordnet Neumann seiner Definition des Elementarcharakters unter, der ein zentraler Aspekt des Weiblichen als das „Große Runde“ sei und die Tendenz habe, „das aus ihm Entstehende festzuhalten und wie eine ewige Substanz zu umfassen“. Außerdem äußere er sich „positiv im Schutzgeben, Nähren und Wärmen, negativ im Verstoßen und Entbehrenmachen“.

Wilhelm Laiblin geht in seinem zuerst 1936 und später 1969 nochmals erschienenem Aufsatz „Das Urbild der Mutter“ auch vereinzelt auf „Hänsel und Gretel“ ein. Darin ist für ihn das Leitbild der kindlichen Kultur- und Einzelseele das Weibliche „in Form der Mutter-Natur, die alles Leben aus sich heraus gebiert, schützt, behütet, deren Schutz aber gleichzeitig gefährlich wird dadurch, daß sie das Bestreben hat, alles geborene Leben im Mutterschoß festzuhalten bzw. es zu beherrschen, ja sogar es zu vernichten oder wieder zu verschlingen“. Nach Auffassung von Laiblin hat die furchtbare Urmutter deshalb diese destruktive Tendenz, „weil sie nicht ertragen kann, daß ein Stück von ihrem eigenen Fleisch und Blut“ selbständig wird und „als Individuum ein Eigenleben führt“.

Hedwig von Beit interpretiert in ihrer erstmals 1952 publizierten „Symbolik des Märchens“ auch „Hänsel und Gretel“ und unterstreicht dabei mehrmals die „böse“ Kraft der Mutter und ihrer Imago, die in dieser Grimmschen Erzählung und anderen ähnlichen Wundergeschichten „der Repräsentant des Totenreichs“ sei und damit das „Unbewusste in seinem negativen Aspekt“ darstelle. Diese Gedanken, die von C. G. Jung und seinen Schülern im Umkreis der Beschäftigung mit AaTh327A geäußert wurden, sind auch für die tiefenpsychologische Interpretation der vorliegenden Arbeit von Erkenntnis leitendem Interesse.[40]

Die zentralen Figuren des Märchens sind ein Bruder und eine Schwester. Probleme, wie diese beiden Gestalten zu deuten seien, haben sich schon bei der Darstellung von psychoanalytischen Betrachtungsweisen ergeben, indem dabei zwischen Drewermanns „subjektalem" und Bettelheims „objektalem" Ansatz unterschieden werden musste.

Ein Interpretationsversuch nach der Methode von C. G. Jung hat hier noch weiterzugehen und noch deutlicher auszudifferenzieren. Es gibt einmal auf der sog. Objektstufe die Möglichkeit, die Geschwister als zwei Einzelpersönlichkeiten zu sehen und entsprechend getrennt voneinander zu untersuchen. Dann besteht aber noch eine zweite, die sog. subjektstufige Ebene, auf der die beiden Kinder als eine Gesamterscheinung gedeutet werden, wobei das eine als gegengeschlechtlicher Aspekt des anderen aufzufassen wäre.

Wenn man wie Drewermann Hänsel als zentrale Figur der Erzählung annimmt, müsste dann Gretel seine weibliche Seite oder seine Anima repräsentieren. Der umgekehrte Fall ist aber auch prinzipiell möglich, indem man Gretel in den Mittelpunkt der Erzählung stellt und Hänsel als ihren männlichen Anteil oder ihren Animus betrachtet.

Die vorliegende Arbeit neigt zwar am ehesten dazu, dem zuletzt genannten Ansatz den Vorzug zu geben, möchte aber die anderen Deutungsalternativen nicht grundsätzlich ausschließen, sondern es von den besonderen Gegebenheiten der jeweiligen Textpassage abhängig machen, für welche Perspektivenvariante sie sich von Fall zu Fall entscheiden will.

Allerdings hat Eugen Drewermann mit seiner „subjektalen" Betrachtungsweise und dem damit verbundenen Blickwinkel, Hänsel zum alleinigen Märchenhelden zu machen, eine mustergültige und gründliche Interpretation vorgelegt, dass für diese Auslegungsmöglichkeit auf der Basis von Jungs Methode kaum noch Raum bleibt.

Eine andere Schwierigkeit für eine erweiterte tiefenpsychologische Deutung des Märchens ergibt sich auf der inhaltlichen Ebene. Die psychoanalytischen Autoren von Bettelheim bis Drewermann haben in der Erzählung vor allem die Eltern-Kind-Problematik gesehen und dieses Thema ausführlich behandelt. Die Gedankengänge dieser Arbeiten mit ihren jeweils unterschiedlichen Argumentationen wurden im vierten Kapitel der vorliegenden Studie dargelegt und gegenübergestellt. Noch einmal „Hänsel und Gretel" einseitig als Wechsel von einer Kindheitsphase zur nächsten – nur jetzt in Jungs Terminologie – zu interpretieren, brächte kaum neue Erkenntnisse und wäre somit überflüssig.

In Märchen geht es auch meist um den Übergang vom pubertierenden Jugendlichen zum jungen Erwachsenen, und das Individuationskonzept der Analytischen Psychologie bezieht sich vor allem auf innere Reifungsvorgänge in der zweiten Lebenshälfte. Daher unternimmt das fünfte Kapitel dieser Arbeit den Versuch, eine tiefenpsychologische Deutung der Erzählung im genannten umfassenden Sinn zu wagen und dabei neben der Kindheitsproblematik des Geschwisterpaares auch die beiden anderen gerade erwähnten Entwicklungsstufen des Menschen in den Blick zu bekommen.[41]

5. 1. Die Geschwister, die Eltern und die Aussetzung

Eine erste Annäherung an die vielschichtige Hintergründigkeit des Märchens könnte die Symbolik ergeben, die den Namen der beiden kleinen Titelhelden zugrunde liegt, und damit neue Verstehenshorizonte der Bedeutung des Geschehens eröffnen. Hänsel ist eine Verniedlichung von Hans. Dieser Vorname ist seit dem 14. Jahrhundert bekannt und seit dem 15. Jahrhundert in etlichen Verbindungsformen belegt: z. B. als Hanswurst, Hans-Narr, Prahl-Hans, Hans-Liederlich oder Hans-Dampf-in-allen-Gassen. Oft erscheint auch der Teufel den Hexen als Hans oder Hänschen, aber auch in Wort- und Titelzusammensetzungen wie Schönhans, Federhans, Grauhans, Grünhans, Junker Hans oder Hans vom Busch.

Die einfache Namensform ist jedoch die Abkürzung von Johannes. Im Neuen Testament taucht dieser einmal als Evangelist und Lieblingsjünger Jesu auf und wird Johannes Evangelista genannt. Ihm ist traditionell der 27. Dezember als Geburtstag zugeordnet. Dieser Zeitpunkt liegt genau in den zwölf „Raunächten" zwischen Weihnachten und Epiphanias. Hier feierten die alten Germanen ihr Mittwinterfest als erste Stufe des Übergangs vom Winter zum Frühjahr.

Der zweite Träger des biblischen Namens erscheint als Vorläufer Jesu und Täufer am Jordan. Er heißt Johannes Baptista und ist nach Angaben des Brauchtums am 24. Juni geboren. An diesem Tag wird das Mittsommerfest zwischen Frühling und Sommer an der Wende von Jugend und Hochzeit des Jahres gleichsam als dessen Höhepunkt gefeiert.

Der letztere Johannes spielt in den Überlieferungen des Volksglaubens zwar eine größere Rolle als der erstere, letztlich gehen aber beide Gestalten in der Symbolik ineinander über. So liegt etwa der eigentliche Johannistag nicht im Dezember, sondern im Juni. Hier beginnt die zweite absteigende Hälfte des Jahres, die aber doch in vieler Hinsicht etwas Neues, Frisches und Kräftiges bringt. Der Täufer gilt als Schutzpatron der Schneider, der Lämmer, der Hirten und vieler Ortschaften. Wer seinen Namen trägt, vermag einen Schatz zu heben und ist gegen die Macht des Teufels gefeit. Im Zaubersegen ist der andere Johannes gemeint, dessen Evangelium eine besondere magische Kraft zugeschrieben wird.[42]

Der Geburtstag des Täufers und die darauf folgende Nacht gewähren nach abergläubischen Vorstellungen durch Träume, Omina und Symbolhandlungen einen Blick in die Zukunft. In dieser Zeit können bei Mensch und Vieh auch Krankheiten geheilt, Gesundheit und Wohlbefinden gefördert und Getreide und Kräuter in ihrem Wachstum auf Acker und Garten kräftig unterstützt werden. Liebesorakel und Liebeszauber haben hier auch ihren Platz.

Johannistag und Johannisnacht sind voller Wunder, Heil und Segen, können aber genauso Unglück bringen und den unheimlichen Seiten des Lebens Raum geben, weil jetzt auch der Teufel und die Hexen ihre Feste feiern und ihr Unwesen treiben. Johannisbeere, Johannisblut, Johannisbrot, Johanniskohle, Johanniskraut, Johannistau, Johanniswürmchen und Johanniskäfer weisen auf eine ähnlich geheimnisvolle Symbolik hin.

Es gibt auch die Sitte des Mittsommerfeuers am Vorabend des 24. Juni. Die Absicht ist dabei vor allem, die Luft zu reinigen und böse Geister, besonders Hexen, zu vertreiben. Das Johannisfeuer soll auch eine gute Ernte schaffen und unerwünschten Regen beenden. Der Flammenstoß wird umtanzt und oft paarweise übersprungen. Wer dies vermag, kann angeblich auch Schätze sehen. Von hoher Bedeutung ist dieses Feuer für die Liebe. Das Überspringen gilt als Vorzeichen für die Verheiratung. Überhaupt wälzen sich in der Johannisnacht Paare nackt auf dem Acker- und Gartenland oder Mädchen ausgezogen im Flachs.

Außerdem gibt es seit dem 12. Jahrhundert die Sitte, dem Andenken des Evangelisten einen Abschiedstrunk vor der Reise darzubringen, wie dies z. B. die adlige Dame beim Scheiden ihres Geliebten tat. Dieser Brauch war durchaus volkstümlich, wurde aber besonders im höfischen Bereich gepflegt, später von der katholischen Kirche übernommen und allgemein Johannisminne oder Johannissegen genannt. Allerdings war es früher durchaus auch vereinzelt üblich, auf die Liebe des Täufers zu trinken. Ob aber nun Baptista oder Evangelista im Mittelpunkt der Volksreligion steht, ist letztlich gleichgültig. Immer verweist der Name Johannes auf vielschichtige Grundzüge des menschlichen Lebens und der Natur, die um elementare Gegebenheiten wie Abschied, Übergang, Wende und Wandlung im Zeichen von Fruchtbarkeit, Wachstum, Heilung und Eros kreisen.[43]

Ähnliches zeigt die Symbolik der weiblichen Hauptfigur des Märchens. Gretel ist die Abkürzung von Margarete. Die Heilige dieses Namens war ursprünglich die Tochter eines heidnischen Priesters in Antiochia (an der türkisch-syrischen Grenze), musste für ihn die Schweine hüten, weihte als Tempelprostituierte ihr Leben dem Dienst von Aphrodite, bekehrte sich aber dann zum Christentum und starb um 300 als Märtyrerin unter Kaiser Diokletian. Als Patronin der Bauern ist sie eine der drei Hauptjungfrauen und gehört zu den 14 Nothelfern.

Nach einer Legende soll sie im Kerker vom Satan in Gestalt eines Drachen verschlungen worden sein. Das Untier barst daraufhin auseinander, und Margarete kam unbeschadet davon. Daher gilt sie auch als weibliches Gegenstück zum Drachentöter St. Georg, mit dem sie gelegentlich in Verbindung gebracht wird. Da sie als glückliche Siegerin aus dem Leib des Lindwurms hervorgegangen ist, kümmert sie sich auch um Gebärende und Wöchnerinnen, die sie anrufen.

Der 20. Juli ist ihr Gedenktag, der im Volksglauben durchaus gewichtige Auswirkungen auf Saat und Ernte haben kann. Wenn es z. B. nach diesen Vorstellungen an besagtem Tage regnet, hat dies stets für die Landleute negative Folgen. Margarete zieht am 20. Juli als Wetterfrau herum und lässt dann die Fliegen los, vor denen man sich durch geschlossene Türen schützen soll. In Teilen Nord- und Westdeutschlands sowie Hollands wird sie als schwarzes Gespenst und Kinderscheuche angesehen oder als besonders listig, hexenhaft und mordlustig dargestellt. Auch gibt es die dunkle, wilde Jägerin Margarete, die am 19. Juli winselnd und jammernd um Erlösung bitten soll.

Eine ähnliche Gestalt reitet in Süddeutschland auf einem weißen Pferd mitternachts durch die Lüfte. Mit dem Namen der Heiligen verbindet man außerdem oft die volkstümliche Wiesenblume Margerite, die auch Johannisblume, Gänseblümchen, Maßliebchen oder Wucherblume genannt wird. Liebende und Kinder benutzen die Pflanze als Orakel, indem sie die Blätter abzählenderweise abzupfen und daraus ermessen, ob sie geliebt werden. Mädchen fragen dabei häufig auch nach dem Beruf ihres künftigen Mannes.

Die Margerite steht um die Sommersonnenwende in schönster Blüte und spielt im Johanniskult eine besondere Rolle. Am Geburtstag des Täufers wird sie ab und zu als Orakel verwendet. Vor allem wieder Kinder und Mädchen werfen Kränze von Wucherblumen auf Bäume oder entsprechende Sträuße auf Dächer, um zu erfahren, ob sie Geschenke erhalten, bald heiraten, ein langes Leben führen und dann in den Himmel kommen werden. Solche „Johanneskränze" hängt man auch als Schutz vor Blitz und anderem Unheil an Dächern, Türen und Scheunen auf. Überhaupt verkörpert die Gänseblume Unschuld und Reinheit und symbolisiert das „Auge des Tages".[44]

Das lateinische Wort „margarita" bedeutet „Perle des Meeres". Davon abgeleitet sind die Bezeichnungen „mys margaritae" (="Perlmuschel") und „matrix margaritae" (="Perlmutter"). Letzterer Ausdruck erscheint auch unter der Abkürzung „Perlmutt" und bezieht sich auf die in Regenbogenfarben schillernde Innenschicht der Muschelschalen, die einen eingedrungenen Fremdkörper in die kostbare Perle verwandelt.

Die Bildung „matrix" kommt auch aus dem Lateinischen und wird mit „Muttertier, Gebärmutter, Stammmutter" übersetzt. Die Muschel hat auch gewisse äußere Ähnlichkeiten mit der Vulva und steht symbolisch für Erotik, Fruchtbarkeit, Geburt, Ehe und Regeneration. Im umfassenden Sinn repräsentiert sie das weibliche feuchte Prinzip und den alles nährenden Mutterboden. Da sie aus dem feminin gedeuteten Meer stammt, erscheint sie oft als Attribut der griechischen Liebesgöttin Aphrodite, der „Schaumgeborenen" oder der „aus den Wellen Aufsteigenden", die in einer Muschel sitzt oder darauf steht.

Die Perle, die eine Molluskenschale in sich bergen kann, erweitert dieses Sinnbild in die geheimnisvolle Dimension der „schwer erreichbaren Kostbarkeit". Diese taucht oft am Ende der Suchwanderung und des Erlösungsprozesses von Märchenhelden auf. Damit ist auch dieser Bedeutungskreis der Symbolik des Namens Margarete geschlossen, der in die Tiefe des weiblichen Wesens mit all seinen lichten und dunklen Aspekten führt, aber dabei auch die Möglichkeit einer inneren Integration dieser Gegensätze andeutet.

Das Fazit der zuletzt dargelegten Erörterungen ist die Entwicklung, die beide Titelfiguren des Märchens durchmachen müssen, um zu ihrem eigentlichen Ziel der seelischen Ganzwerdung zu gelangen. Aus Hänsel muss ein Johannes werden und aus Gretel eine Margarete, und der Weg dorthin ist die Initiation in das Geheimnis ihres männlichen bzw. weiblichen Wesens und ihrer wechselseitigen Bezogenheit.[45]

Die zwei Titelhelden von AaTh327A sind Geschwister, die in einem sehr positiven Verhältnis zueinanderstehen. In Volkserzählungen tritt die Schwester gegenüber dem Bruder oft als erlösende Helferin, manchmal aber auch als gefährliche Kannibalin oder als zwiespältige Sexualpartnerin auf. In der Umkehrung kann natürlich auch das männliche Individuum gegenüber dem weiblichen die gleichen Funktionen übernehmen.

Die Analytische Psychologie gebraucht für die Beziehung der Geschwister in den Märchen häufig das Bild vom Inzest, meint aber damit keinen realen geschlechtlichen Vollzug, sondern symbolisch auf der Subjektstufe die Suche des Menschen nach Ganzheit, Gegensatzvereinigung und Wiedergeburt, welche der Regeneration und der Kreativität dienen.

Für C. G. Jung bedeutet hier der Inzest einen Eros, der nicht irgendeinen äußeren Zweck, sondern das innere Ziel der persönlichen Selbstwerdung verfolgt. Bruder und Schwester stellen psychologisch eine mann-weibliche Gegensätzlichkeit dar und sind nicht nur durch die gemeinsamen Eltern, sondern auch durch gegenseitige Liebe verbunden.

Die Beziehung des Mannes zur Anima und der Frau zum Animus wird oft im Bild des Inzests ausgedrückt, der die Vereinigung mit dem eigenen Wesen oder die Individuation symbolisiert. Allerdings zeigt sich hier die erstrebte Assimilierung des Selbst noch auf einer vorbewussten Stufe. Besonders reich gestaltet ist diese Thematik in der alchemistischen Literatur. Dort repräsentiert das durch Inzest verbundene Geschwisterpaar als Gesamtheit einen die inneren Gegensätze vereinigenden Inhalt des Unbewussten in einem vom Bewusstsein nicht belebten Zustand.

Das archetypische Motiv von Bruder und Schwester, die als bedrohte Kinder erscheinen, bringt zum Ausdruck, dass die Umwelteinflüsse in mannigfaltiger Form jeder Individuation die größten Hindernisse in den Weg legen. Denn es besteht die Gefahr, dass die Bewusstseinserwerbung von der Instinktseele, dem Unbewussten, wieder verschluckt wird. So belastet z. B. in vielen Märchen die Liebe der Geschwister ein Fluch, den meistens die Urmutter ausspricht. Dabei handelt es sich dann um das seelische Vorherrschen des Archetyps der Magna Mater, der hier negativ wirkt.

In diesem Zusammenhang steht der Inzest als Bild der allzu verwandten Gegensätze im Unbewussten für eine seelische Stagnation, die infolge ihrer Unfruchtbarkeit als anstößig empfunden wird und daher den psychologischen Hintergrund des Fluchmotivs bildet. Hier gibt es nur eine allzu geringe Spannung zwischen Bewusstsein und Unbewusstem, das meist als furchtbare Mutter eine Leben ertötende, verschlingende Wirkung ausübt. Doch treibt dieser Konflikt letztlich die Helden dazu an, die „schwer erreichbare Kostbarkeit“ zu holen, d. h. den Weg der inneren Entwicklung zu beschreiten.[46]

Die erste Gestalt des Märchens, die Hänsel und Gretel große

Schwierigkeiten macht, ist die Stiefmutter. Diese Bezeichnung wurde zumindest zur Zeit der Brüder Grimm und vorher meist unmittelbar mit einem Todesereignis in der Weise verbunden, dass der leibliche Vater Witwer geworden sein musste, ehe er eine neue Ehe eingehen konnte. Das zugrunde liegende althochdeutsche Wort „bistiufan“ bedeutet „jemanden seiner Angehörigen berauben“; denn für das Stiefkind sieht es tatsächlich so aus, als ob ihm seine leibliche Mutter weggenommen worden wäre.

Die negative Prägung des Ausdrucks schlägt sich im Märchen dann auch in der konkreten Ausgestaltung der Figur nieder, die hier zur bösartigen Gegenspielerin der beiden Geschwister wird. In der Grimmschen Urfassung „Das Brüderchen und das Schwesterchen“ von 1810 ist es übrigens die leibliche Mutter, die den Ehemann drängt, die Kinder in den Wald zu schicken. Ihre destruktive Rolle verstärkt sich allerdings von Bearbeitung zu Bearbeitung, bis schließlich in der Ausgabe letzter Hand von 1857 eine Stiefmutter auftaucht, bei der die Bande des Blutes nicht sprechen, sodass es vertretbar erschien, sie an Hänsel und Gretel eine solche Grausamkeit wie die Absicht der indirekten Tötung begehen zu lassen.

Doch ist diese Gestalt eigentlich sehr alt und ragt geheimnisvoll aus dem Dunkel mythischer Tiefen und Abgründe hervor. In isländischen Märchen stammt sie etwa aus dem Reich der Riesen, das bei den Griechen von den Giganten bevölkert war und das Chaos der wilden Urzeit und der blinden Materie symbolisieren. Auf dieser Basis wird sie in den Volkserzählungen zum Schatten und Gegenpol des Ewig-Mütterlichen im Sinne des Gebärenden, Hingebenden und wahrhaft Liebenden. In ihrer Welt herrschen der Schein, die Lüge, das Zerstörende und Verschlingende sowie das Endliche und Rein-

Stoffliche vor. Stiefmutter bedeutet tiefenpsychologisch einen dem Bewusstsein ferner stehenden Aspekt der Mutter, der manchmal auch gut sein kann, aber meist als böse erscheint.

Der reale weibliche Elternteil formt das Mutterbild des Zöglings, und sein ungelebter Hintergrund wird vom Kind auf die Gegenfigur aus dem archaischen Riesenland projiziert. Psychoanalytisch gesehen teilt das kleine Mädchen ihn in die gute Mutter der vorödipalen Zeit und in die böse Stiefmutter der ödipalen Zeit auf. Es muss lernen, die negative Schattenseite des weiblichen Elternteils zu beachten und als notwendigen Teil auch der eigenen Seele anzuerkennen. In vielen Märchen ist gerade dieser Aspekt für die Bewusstwerdung des Menschen wichtig, der ohne dieses Erlebnis im infantilen Zustand verharren würde.

Dies gilt auch für Hänsel und Gretel. Hier hält die Stiefmutter mit zielgerichteter Konsequenz an dem einmal beschlossenen Weg fest, lässt sich zu keinem Rückwärts und keiner Unterbrechung verleiten und treibt damit die Entwicklung der beiden Geschwister effizient voran. Ihr unmenschliches Tun bewirkt, dass die Kinder die „Entbergung" aus pflegerischem Raum erleben und so gezwungen werden, ihre bisherige Existenzform aufzugeben. So dient die Stiefmutter als Ferment der Wandlung im Reifungsprozess ihrer Zöglinge von einer Lebensstufe zur anderen.[47]

Den notwendigen Gegenpol zur Dominanz des Weiblichen im Märchen müsste eigentlich der Vater bilden. Denn vom Prinzip her vertritt er Recht und Ordnung und stellt gegenüber dem Unbewussten die geistige Seite dar, während die Mutter den stofflichen Aspekt des Lebens und den Instinktbereich verkörpert. In Mythos und Legende symbolisiert der „pater familias" Überlegenheit in allen wesentlichen Dimensionen des Menschen und schützt die Kinder gegen die natürlichen Feinde, die unheimlichen Gewalten der Nacht und die Dämonen der seelischen Innenwelt.

Nach Auffassung von C. G. Jung repräsentiert der Vater die „prima causa“ und den Schöpfer der Dinge, der auf einer unreflektierten Kulturstufe das ungespaltene Eine schlechthin sein kann. Er bedeutet einen früheren Bewusstseinszustand, in dem man noch den Status des Kindes hat und vom Gesetzescharakter einer bestimmten vorgefundenen Lebensform abhängig ist. Diese nicht hinterfragte, nur hingenommene Einstellung beinhaltet ein bloßes Wissen um eine Gegebenheit ohne intellektuelles oder moralisches Urteil.

Aus diesem Grunde wird der Vater im Märchen gerade ducrch einen Mann von einfachem Beruf dargestellt, wie dies beim Holzhacker der Fall ist. Das Material, das er bearbeitet, gilt nach ältester Vorstellung als letzter Urstoff. Holz repräsentiert als Krippe und Wiege die gebärende Mutterbedeutung des Baumes, weist aber als Sarg und Sarko-phag, der übersetzt „die Fleischfressende“ bedeutet, auch auf den Bereich der Todesmutter hin. Es ist diese „prima materia“, aus der das Kreuz Christi und der Baum der Erkenntnis bestehen und Ehebett und Totenschiff gebaut werden und die auch die Ganzheit des uranfänglichen paradiesischen Zustandes symbolisiert.

Der Beruf des Holzhackers macht aus dem Vater in „Hänsel und Gretel“ einen Diener des Waldes und einen Trabanten der „Großen Mutter Natur“. Sein Ich- Bewusstsein steht psychologisch noch wesentlich unter der Dominanz des weiblich bestimmten Unbewussten, sodass seine männlichen Eigenschaften wie z. B. Willensentscheidung, Aktivität und Autonomiestreben nicht sehr entwickelt sind und eher Angst und Depression sein Leben bestimmen.

Im Märchen ist sein Beruf vom Bild der Armut und Abgeschiedenheit geprägt. Der Vater hat den Zugang zu seinen Lebensquellen, die durch das Holz repräsentiert werden, verloren und führt nur noch ein von ihnen abgespaltenes, verarmtes Dasein. Auf der Subjektstufe kann er entweder als positiver, ganz zur Untätigkeit verurteilter Animus und unterdrücktes „gutes Gewissen" der Stiefmutter oder umgekehrt als schwaches Ich mit einer negativen Anima interpretiert werden, die es, sein ursprüngliches Wesen überlagernd, durch destruktive „Einflüsterungen" beherrscht.[48]

Eine von außen hereinbrechende Katastrophe lässt die sonst stets angespannte Situation im Haus des Holzhackers unerträglich werden. Teuerung wurde oft im Zusammenhang mit Krieg, Pest und Hungersnot gesehen und daher gefürchtet, sodass man auf alle möglichen Voraussagungen und Anzeichen in dieser Hinsicht achtete. Verbreitet war z. B. der Glaube, dass der Kuckuck eine Teuerung orakelt, wenn er nach dem Johannistag ruft. Als Grund für die starke Preissteigerung wurde die Tätigkeit des Teufels angeführt, der den Hexen ein Pulver gibt, um es in seinem Namen auszustreuen, sodass schlechte Zeiten kommen.

Dies löst meist Hunger aus, der zur ausschlaggebenden Antriebskraft in „Hänsel und Gretel" wird und der schon früh in Deutschland als gewaltiger Krieger personifiziert wurde. In sagenhaften Berichten schlachteten und aßen die Eltern ihre Kinder, und nach alten Überlieferungen brachte man bei Hungersnöten den Göttern Tier-, Menschen- und sogar Königsopfer.

Die Eltern reagieren im Märchen auf diese Situation mit der Aussetzung ihres Nachwuchses, die aber nur ein Sonderfall der auf niederen Kulturstufen häufigen Kindertötung bildet. Dies war zu allen Zeiten gang und gäbe und galt als normales Ereignis.

So sehr der Hunger historisch zu negativen Folgen führte, die sich literarisch und mythologisch in entsprechenden Bildern ausdrückten, wird er in der Analytischen Psychologie doch auch positiv gesehen. C. G. Jung deutet ihn als charakteristischen Aspekt der Regression, der zunächst das Kind zur Mutter treibt, um von ihr ernährt zu werden. Wenn aber diese „Rückkehr" zur Innenwelt in Wirklichkeit eine zielgerichtete Introversion der Libido ist, handelt die seelische Energie aus tiefer Sinnhaftigkeit heraus.

Die Regression erreicht dann auf diesem Weg die nutritive Funktionsschicht der frühen Kindheit und kleidet sich nunmehr in die Erlebniswelt des Säuglings. Die sexuelle Gleichnissprache des „inneren Rückzugs" verwandelt sich auf dieser Ebene in die Metaphern der Ernährungs- und Verdauungsfunktion, und der Ödipuskomplex mit seiner Inzesttendenz geht hier in den Jona-Walfisch-Komplex über, der viele Varianten hat. Diese Unterweltsfahrt der Libido in die Abgründe der Seele und des Körpers ist aber geradezu die Voraussetzung für neue Lebensmöglichkeiten und damit für Entwicklung und Reifung.

Im Märchen treibt der Hunger die Eltern zur Aussetzung und die Kinder zum aktiven kreativen Umgang mit dieser Situation an. Der Hauptimpuls geht in dieser Phase von der Stiefmutter aus, die am klarsten erkennt, dass sie Hänsel und Gretel kein Essen mehr geben kann, d. h. ihnen nichts mehr zu bieten hat und es dem Leben selbst überlassen muss, für das weitere Fortkommen der Geschwister zu sorgen. Aber sie kann diese Einsicht real nur mithilfe des Vaters umsetzen, der mitmachen muss, damit sich das Schicksal der Kinder erfüllt. Diese sind nun gezwungen, Einsamkeit und Verlassenheit auszuhalten und ihrer Einweihung in das Geheimnis einer neuen Lebensstufe entgegenzugehen.[49]

Es ist kein Zufall, dass diese Initiation im Wald stattfindet, der in vielen Märchen als der magische Bereich wunderbaren Geschehens dargestellt wird. Er hat nach Auffassung von C. G. Jung wie der Baum Mutterbedeutung und ist als dunkler, undurchsichtiger Ort wie die Wassertiefe und das Meer ein Behältnis des Unbekannten und Geheimnisvollen und insofern ein treffendes Gleichnis für das Unbewusste. Auch verkörpert er ein Stück Natur und beheimatet viele fremdartige Gestalten wie Hexen, Geister und Dämonen.

Der Zauberwald als Wildnis birgt das Dunkle, Ausgegrenzte, Chaotische und Ungeheure und bildet eine alte Stätte der Einweihungen, in die der Medizinmann oder die alte Weise des Dorfes bei Naturvölkern die Jugendlichen führt, damit sie durch das Aushalten grausamer Riten sich zu Erwachsenen entwickeln können. So enthält der Wald das Abenteuer des Lebens und der Seele mit ihren Abgründen voller zwiespältiger Mächte, Bilder und Stimmen, die von Gefahr, Tod, Wandlung und Neuwerdung künden. Hier leben die destruktiven und schöpferischen Impulse der Psyche in Gestalt der wilden Tiere.

Der Wald galt im alten Europa als heiliges Sinnbild der ewigen, unerschöpflichen Naturkräfte, wie sie etwa Frau Holle, der Jäger Wotan oder der Zentaur Chiron verkörperten. Er strahlt im Märchen Traulichkeit und feierliches Schweigen aus, vermittelt aber auch ein Gefühl des Unheimlichen, das numinosen Charakter verrät und in die jenseitige Welt hinüberweist. In diesem Reich der Toten und Ahnen muss der Mensch als eine Art Prüfung die Welt des Geistes durchdringen, um seine Bedeutung zu erfahren.

Aber von jeher signalisierte gerade auch hier die Natur als noch unverbrauchte Wachstumsenergie dem Spaziergänger die Gottesnähe und das Zentrum des Lebens schlechthin. Von da aus reichen die tiefen Wurzeln weit hinab in die Erde und holen sich die Kräfte und Säfte aus der Tiefe dieses Reiches der Großen Mutter und ihres Schoßes. Nach Auffassung von C. G. Jung kann das Leben des Waldes ein Symbol für noch ungeformte archetypische Energien und unbewusste Inhalte der eigenen Seele darstellen, mit denen es sich auseinanderzusetzen und die es durch Mithilfe des Bewusstseins in die Gestaltung zu überführen gilt.

Im Märchen muss der Weg für Hänsel und Gretel weg von der Stiefmutter hin in den heilenden Bereich der unergründlichen Göttin Natur vorstoßen, um hier an der Todesschwelle mit den eigenen seelischen Wurzeln in Kontakt zu kommen. Dabei offenbart das Bild des Waldes den Kindern die naturnahe, dunkel wirkende, bergende wie gefährdende Mütterlichkeit des Großen Weiblichen. Hier findet die entscheidende Weichenstellung für das weitere Lebensschicksal der Geschwister statt, das sich dann Schritt für Schritt im Urwaldlabyrinth der Magna Mater vollziehen wird.[50]

Den Gegenpol zur Wildnis bildet das an ihrem Rand stehende Haus, das als umschließendes Symbol Schutz bietet und so Wärme und Geborgenheit ermöglicht. Es repräsentiert daher an sich den beschirmenden Raum des Mütterlichen, das aber im Märchen als austreibende Kraft erscheint. Deshalb wird es mehrmals als Haus des Vaters bezeichnet, der jedoch selbst zu schwach ist, um die Kinder zu schützen und vor ihrem Schicksal zu bewahren. Dieses besteht in der Notwendigkeit, das eigene Ich zu finden.

Die Selbstverwirklichung verlangt die Trennung vom

Elternhaus und dieser unausweichliche Entwicklungsprozess verursacht Schmerzen. Dabei versuchen die Kinder sich dieser Erfahrung zu entziehen. Gretel flieht in die Resignation und Depression, während Hänsel zunächst aktiv Auswege sucht, um in der Regression verharren zu können. Er findet draußen vor der Tür nachts weiße Kieselsteine, die im Mondlicht „wie lauter Batzen" glänzen. Mit ihrer Hilfe markiert er den Rückweg, und auf diese Weise gelingt es ihm, wieder heimzukommen. Hänsels Libido handelt ganz aus der Sehnsucht nach der Nähe des Hauses und damit der Großen Mutter, während Gretels Ich noch völlig unentwickelt bleibt.

Die Symbolik spiegelt diese Situation durch die Zwiespältigkeit ihrer Bilder. Kieselsteine sind z. B. heilkräftig, dynamisch und kreativ, wenn Wasser über sie läuft und sie wäscht. Ihre Farbe entscheidet im Buddhismus über gute und schlechte Taten des Menschen. Weiß kann Reinheit, Unschuld, Frieden, Glück, Licht, Erleuchtung, Schönheit, Verklärung, Auferstehung und Vollkommenheit bedeuten, aber auch Tod, Kälte, Hexenzauber, Krankheit, innere Leere, ungenutzte Möglichkeit, Askese und Kasteiung symbolisieren. Steine an sich repräsentieren Stabilität, Zuverlässigkeit, Heilkraft, Prophetie und das Absolut-Ewige, aber auch Härte, Starrheit, Seelenlosigkeit, Kälte, Tod und unveränderbare Gewohnheit.

Im Märchen werden die weißen Kieselsteine mit dem Glanz von Batzen, d. h. von kleinen silbernen Geldstücken, in Verbindung gebracht. Die Farbe des Edelmetalls weist auf den Mond als weibliches Prinzip hin. Die Alchemie deutet die „femina alba", „die „weiße Frau", auf ähnliche Weise. Wenn in Urgesellschaften Steine Leben spendende Fähigkeiten besitzen, wird dies als Mondkult verstanden, der allgemein Fruchtbarkeit und speziell den Übergang vom Winter zum Frühling ausdrückt.[51]

Nach C. G. Jung ist Luna, die Göttin des Nachtlichts, als Herrin des Feuchten die Mutter des Wassersteins. In dieser Gestalt umfasst der Mond die Erfahrung des Eros und der Sexualität. Als kosmisches Urbild und Symbol für innerseelisches Geschehen ist er Göttinnen wie Holle-Perchta oder Artemis-Diana, aber auch allgemein dem weiblich-empfangenden „yin"-Prinzip und dem Archetyp der Großen Mutter zugeordnet.

Erich Neumann sieht ihn unter männlichen Vorzeichen als Macht, die dem Bereich des Menschen Wachstum, Dichtung, Weisheit und Unsterblichkeit verleiht. Auch ist der Mond nach dieser Auffassung Gebieter der Frauen, ihrer inneren Defloration und Menstruation, Befruchter und eigentlicher Vater der Kinder, ebenso Herr der Ekstase, des Rausches, der Seele und ihrer orgiastischen Begeisterung. Vor allem erweist sich der Mond als archetypische Mitte der weiblichen Geist-Animus-Welt. In ihr ist das Männliche transpersonal und numinos, hat einen gottmenschlichen Charakter und stellt eine Art Natur-Geist dar, in dem das Emotionale, Dämonische und Erotische dominiert.

C. G. Jung versteht den Mond in diesem Zusammenhang als Verkörperung einer ganz in die Natur eingetauchten Weisheit und als Sinnbild einer Art von geistiger Bewusstheit, die dem Unbewussten selbst innewohnt. Für ihn kann der Erdtrabant aber auch als benachteiligter Bruder der Sonne erscheinen, der den Schlaf stört, im Traum die abgeschiedenen Seelen auftauchen lässt und in Form der sog. Mondsüchtigkeit Wahnsinn bedeutet. Auch seine Verbindung mit Tod und Hexerei ist uralt. So war z. B. die antike Herrin des Mondes, Selene-Luna, auch die Göttin der Friedhöfe und Gräber und spielte in der Zauberei eine große Rolle.

Das silbrige Zwielicht des Erdtrabanten überzieht die Nacht mit dem kosmischen Geheimnis des Unergründlichen und bildet so den Glanz der rätselhaften chaotischen Finsternis. Insgesamt stellt der Mond die dunkle, unsichtbare Seite der Natur dar und löst dabei auch Gefühle der Auslieferung und Trostlosigkeit aus.[52]

Im Märchen werden die Ereignisse zunächst ganz von der Ambivalenz des Symbolischen bestimmt. Vordergründig läuft zwar alles gut ab: Hänsel und Gretel finden durch die schlauen Aktivitäten des Jungen wieder nach Hause. Doch da dieses Geschehen im Zeichen der Regression steht, wirken die Sinnbilder hier stärker von ihrer negativen Seite her. So ist Hänsels Vertrauen auf ihre Kraft trügerisch und erweist sich später als illusionär. Das Mädchen kann immer nur vorübergehend getröstet und beruhigt werden. Wie der Mond den Geist-Animus des Großen Weiblichen repräsentiert, so verkörpert der Bruder Gretels männlichen Aspekt, der sich sehr bemüht, aber wenig Konstruktives erreicht, weil es ihn nur zurückdrängt, aber nicht vorwärtstreibt.

Beim zweiten Gang der Geschwister in den Wald tauchen andere Symbole auf, die zumindest auf der Handlungsebene in die Katastrophe zu führen scheinen. Denn die Brotbröcklein, die Hänsel unterwegs ausgestreut hatte, werden in der Nacht von den Vögeln aufgepickt und gefressen. Als die Kinder immer mehr in Gefahr sind, nie aus dem Gewohnten ihrer starren, unvitalen Lebenseinstellung herauszukommen, geschieht etwas, was oberflächlich ihren Untergang, im Grunde aber ihr Heil bewirkt.

Das Brot an sich ist nährende Substanz im Sinne von Lebensspeise und hat daher in etlichen Kulten göttlichen Charakter. C. G. Jung interpretiert es als Ausdruck einer bestimmten Kulturleistung, die in Aufmerksamkeit, Geduld, Fleiß, Hingabe und mühsamer Arbeit besteht. Er sieht es weiterhin als den ernährenden Einfluss unbewusster Inhalte, der in beständigem Energiezustrom die Lebenstätigkeit des Bewusstseins unterhält.

Außerdem kann Brot Zeichen der Verwandlung und Wiedergeburt aus dem Korn sein. So wird es auch als sichtbare Manifestation des Geistes verstanden, der stirbt und wieder aufersteht. Im Christentum gilt es als Wandlungssubstanz schlechthin. Es steht als Symbol konzentrierter Kraft für Fruchtbarkeit, Vereinigung und Glück, bezieht aber dabei durchaus die Dimension des Todes mit ein.

Für den Volksglauben wird es zum Sitz der Seele des Hauses und dadurch zum Sinnbild für Familie und Ehe. Im Seelen- und Dämonenkult ist es die beste Gabe der Erd- und Vegetationsgeister. Wenn man diese jedoch nicht dafür ehrt, können sie sich durch Schadenzauber rächen. Hänsel verwendet das Brot nicht im Sinne von Wandlung, Fruchtbarkeit und Wachstum, sondern missbraucht es für seine regressiven Zwecke zur Heimkehr ins Elternhaus.

Diese Absicht aber durchkreuzen hier nicht von unten die chthonischen Dämonen, sondern von oben die Vögel. An dieser Stelle tauchen sie im Märchen als abstrakte Gattungswesen auf, erscheinen jedoch an entscheidenden Punkten der Handlung immer wieder als einzelne Tiere. C. G. Jung betrachtet sie als Darstellung von Gedanken, Phantasien und intuitiven Ideen sowie als Bilder der Seele, des Wunsches und der Sehnsucht. Sie sind Boten des Numinosen und in dieser Funktion übernatürliche Helfer, die im jüdisch-christlichen Kulturkreis als Engel aufgefasst werden. Aber sie bilden auch ein Symbol des Geistes, z. B. des Pneuma (=“Hauch“) in der Antike und der Gottheit in Indien. Ebenso können sie zu Sinnbildern für sublimierte Inhalte aus den Libidokräften des Unbewussten werden.

In den Märchen und Sagen zeigen sich die Vögel besonders als Berater, Helfer, Warner und Wegweiser. Häufig begleiten sie z. B. den Heros, wenn er den Drachen sucht und dann erschlägt, und sagen ihm insgeheim, was er tun muss, um erfolgreich zu sein. Nach Auffassung des Volksglaubens verkörpern sie außerdem die Seelen der Ahnen und haben von daher auch prophezeiende Fähigkeiten. So zeigen sie Glück und Langlebigkeit, aber auch Unglück und Tod an. Bei den Kelten bedeuten sie einerseits Göttlichkeit und die glückselige Anderswelt und andererseits magische Macht und Böswilligkeit.

Hänsel und Gretel erfahren nun diese ganze Doppeldeutigkeit des Symbols, das ihnen endgültig den Rückweg in die Sicherheit des Elternhauses abschneidet und sie dadurch zwingt, vorbehaltlos ihren Königsweg zur Mitte ihres Wesens zu beschreiten.[53]

Es gibt noch andere Sinnbilder, die den Übergang von der „Geborgenheit" in der Familie zur Einsamkeit im Wald markieren. Da ist zum einen die Axt, die der Vater als Holzhacker benutzt. Mythologisch wird sie besonders den Himmelsgöttern zugeschrieben, so etwa dem griechischen Zeus, dem germanischen Wotan und dem keltischen Esus. Dabei verkörpert sie deren Macht, Schöpferkraft, Autorität, Blitz, Donner und Destruktivität. Allgemein kann sie sogar die Sonne als Symbol repräsentieren. In der Analytischen Psychologie wird sie sinnbildlich dem männlichen Logos-Prinzip der Unterscheidung zugeordnet und drückt das verstandesmäßige Zergliedern durch die Schärfe des Intellekts aus.

Was in der Mythologie die Schöpfergott-Qualität des Holzfällers bezeichnet, ist im Märchen nur eine Täuschung. Hänsel und Gretel hören nicht die Axt, die in der Hand des Vaters ihre zerspaltende Tätigkeit verrichtet, sondern einen Ast, den der Erzeuger seiner Kinder an einen dürren Baum gebunden hat, um sein schlechtes Gewissen zu beruhigen und die Geschwister für eine Zeit lang in der trügerischen Hoffnung zu wiegen, dass die Eltern sie doch nicht verstoßen wollen.

Hinter diesem illusionären Aspekt schimmert jedoch die positive Funktion der Axt durch, indem sie in Bezug auf den Weg der Kinder zwischen Regression und Entwicklung unterscheidet und mit dazu beiträgt, die falsche Rückzugsmöglichkeit für Hänsel und Gretel nach und nach abzutrennen.[54]

Ein weiteres Übergangssymbol stellt das Feuer dar, das zweimal im Wald zum Wärmen der Geschwister entfacht wird. Es hat als Sinnbild für C. G. Jung einen doppeldeutigen Charakter. In ihm wurde schon früh ebenso sehr die wohltätige wie die zerstörende Kraft verehrt. Als positive Macht ist die Flamme das Objekt der menschlichen Liebe, aber auch des leidenschaftlichen Begehrens, das alles verschönen und unter Umständen auch alles vernichten kann. Sie besitzt den Aspekt der Verbrennung und der Lichterzeugung.

Das alchemische Feuer bringt nach Jungs Auffassung als Wärme alles zur Erscheinung und eliminiert als Hitze alles Überflüssige. Als Symbol der starken Emotion ist die verborgene innere Flamme häufig auch ein Attribut der Muttergottheit, die sie als chthonische Magna Mater in sich trägt, und hat im Chinesischen weibliche Natur. Außerdem weist das Feuer auf einen Läuterungsprozess hin, der mit Reinigung verbunden ist, und stellt als Element, durch das diese Wandlung stattfindet, ein Sinnbild des Bewusstseins dar. So steht es auch für Geist, Energie, Fruchtbarkeit und Kraft, aber auch für Untergang und Inferno.

Feuergötter wie der germanische Loki, der griechische Prometheus oder der christliche Lucifer konnten einerseits Kulturbringer sein, andererseits aber die destruktive Seite der Welt verkörpern. Der indische Agni war z. B. für das Hauswesen zuständig, brachte aber auch den Regen und Chaos mit sich führenden Blitz und holzte mit seiner Axt den Wald ab. Den schwarzen schrecklichen Aspekt des Feuers verkörpert in der hinduistischen Religion die umfassende Muttergöttin Kali, die besonders die Zeit verschlingt und oft mit einer lodernden Flammenzunge dargestellt wird.

Ansonsten benutzte man in Kult und Aberglauben das brennende Element auch zur Weissagung und Traumdeutung. Dabei konnte es Glück und günstiges Wetter, aber auch Katastrophen und Sterbefälle verheißen. Wenn allerdings der als Hexe, Tod oder Winter bezeichnete Dämon auf dem Scheiterhaufen verbrannt wird, schreibt dies der Volksglaube einer Unheil abwehrenden und Krankheiten heilenden Kraft der Flammen zu. Dies geschieht vor allem beim Überschreiten und Überspringen des Johannisfeuers.

Im Märchen erscheint das Zeichen Lokis und Lucifers in seiner ganzen Ab- und Hintergründigkeit. Zunächst soll es dem Anschein nach Hänsel und Gretel Nähe und Geborgenheit vermitteln, bedeutet aber in der realen Situation genau das Gegenteil. Es täuscht die positiven Gefühlswerte nur vor und erweist sich als Illusion, weil die Eltern ihr Versprechen nicht einhalten und wegbleiben. Die Kinder sind nun ganz auf sich allein gestellt und der Einsamkeit im Dunkel des Waldes preisgegeben.

So sehr das Feuer sich einerseits hier als trügerisches Licht zeigt, offenbart es doch andererseits von einem tieferen Verständnis aus betrachtet den Läuterungsprozess, dem die

Geschwister sich jetzt wider Willen unterziehen müssen. Es klärt und reinigt die zwiespältige Situation zwischen den Erwachsenen und ihren Zöglingen und ebnet so den Weg für die Individuation der Kinder.[55]

Als Hänsel und Gretel vor Müdigkeit im Wald nicht mehr weitergehen können, schlafen sie unter einem Baum ein. Dieses Symbol bildet den Wendepunkt ihres Herumirrens und hat nach C. G. Jung wie die meisten schon besprochenen Sinnbilder Mutterbedeutung. Da es außerdem den geistigen Grundstoff der Welt repräsentiert, verleiht es auch geheime Weisheit. Tiefenpsychologisch ist der Baum eine Verkörperung der Magna Mater, der Materie, der Urheimat, des unbewussten Wachstums und der bewussten Entwicklung als Frucht tragendes wie als todbringendes Prinzip.

Als Baum des Lebens steht er mitten im Paradies und bedeutet die Rückkehr zum uranfänglichen Zustand der Vollkommenheit, aber auch Regeneration, die stirbt, um sich zu erneuern. So ist er auch mit der Vorstellung von Tod und Auferstehung sowie der Mondphasen verbunden. Auch symbolisiert er die kosmische Achse und die Einheit, die über positive und negative Wertungen hinausgeht und beides in sich integriert. Ebenso verkörpert er Anfang und Ende eines Zyklus. Dualistisch erscheint er als Baum der Erkenntnis, der die Einsicht in das Gute und das Böse vermittelt. Daran knüpft sich in vielen Traditionen die mythische Erzählung vom ersten Menschen und seinem Fall aus der paradiesischen Unschuld.

Im Märchen kann der Baum sowohl die gute wie die böse Mutter repräsentieren. Letztere kann als Hexe auf oder unter ihm auftauchen und von ihm aus ihre destruktiven Kräfte wirken lassen. Dabei vermag sie auch unsichtbar zu sein, indem sie sich zwischen Rinde und Holz des Stammes aufhält. Immer ist ein Baum Kennzeichen heiliger Plätze im Sinne des germanischen „heilag“ (=“krafterfüllt“), und in seinen Zweigen singt oft der an solchen Örtlichkeiten entsprechend verehrte Vogel. Hier findet Entscheidung statt, ergibt sich Anfang oder Ende eines Weges.

Hänsel und Gretel begeben sich noch einmal in den bergenden Schutz des Lebensbaumes, über den die Große Mutter Natur ein letztes Mal ihre beschirmende Hand ausstreckt, um scheinbar das ausweglose Schicksal der Geschwister aufzuhalten. Doch in Wirklichkeit geht mit diesem Schlaf unter dem Dach der Magna Mater endgültig ihre kleine Kinderwelt zu Ende. Es gibt absolut keine Möglichkeit zur Regression im Sinne einer Rückkehr ins Elternhaus mehr, sondern nur noch die Notwendigkeit der Progression im Zeichen des inneren Wachstums durch die Phase der Regeneration hindurch, die der Baum ermöglicht.[56]

5. 2. Die Geschwister, die Hexe und die Initiation

Am nächsten Tag erreichen Hänsel und Gretel den Wendepunkt ihres Weges, als sie „ein schönes schneeweißes Vöglein" auf einem Ast sitzen sehen und singen hören. Die Farbe „weiß" begegnete den Kindern schon bei den Kieselsteinen, die Vögel als Gattungswesen beim Aufpicken der Brotbröcklein.

Beide Male zeigten sich die Symbole den Geschwistern in ihrer ganzen Doppeldeutigkeit. Nun verbinden sie sich in einem einzelnen Tier und konzentrieren damit die abgründige Tiefe ihrer Ambivalenz. Oberflächlich betrachtet kann man sich ein schöneres, „heiligeres" Sinnbild auf dem Lebensbaum kaum vorstellen und es durchaus auch positiv als Hinausträumen in die Luft, als ein Fasziniertsein durch das Spirituelle, als einen weisen, unschuldigen Gottesboten oder als Entwicklungstrieb des göttlichen Geistes deuten.

In einer Variante des Märchens aus dem Jemen erscheint den ausgesetzten Kindern ein gewaltiger Vogel von weißer Farbe, der sich als verstorbene leibliche Mutter zu erkennen gibt und die Geschwister beschützt und versorgt, bis er von der Stiefmutter getötet wird. Diese Version, die den Titel „Die Dunkelheit" trägt, unterstreicht eindeutig die Interpretation des Tieres als „gute" Seite der Magna Mater. Doch das Wesentliche an diesem „schönen Schein" besteht gerade darin, dass dieses „Vöglein" Hänsel und Gretel direkt zum Haus der Hexe führt und so mit der Kannibalin in enger Verbindung steht.[57]

Das Attribut „schneeweiß" deutet auf Kälte, Frigidität und Eis hin, was wiederum zum Symbol für Entzug von Lebenskraft, Erstarrung des Gefühlslebens und letztlich den Tod schlechthin werden kann. Im Volksglauben schreibt man Schneefall, der Schaden bringt, bösen Weibern und Hexen zu.

Weit verbreitet ist außerdem die weiße Farbe im Totenkult. In Teilen Afrikas, Asiens und Osteuropas steht sie für Trauer. Aus der Blässe der Leichen hat sich das Motiv der Weißen Frau entwickelt, die meist allein in einem Berg wohnt.

Dieses Bild geht aber auf alte matriarchalische Vorstellungen zurück, nach denen der Tod weiß wie Knochen war und in der Gestalt einer entsprechend aussehenden großen Frau erschien. Auf diese Weise trat die umfassende prähistorische Göttin als Todesbotin sowie als Zerstörerin und Erneuerin (Regeneratrix) des Lebens auf. Frau Holle, Frau Perchta, Baba Jaga und ähnlich dämonische Ausprägungen des Aberglaubens kommen in manchen Volksmärchen als „Knochen", „knöcherne alte Weiber" oder sonst eine Verkörperung des Winters vor.

Der Vogel ist nun die wichtigste Epiphanie der Großen Mutter in ihrer Funktion als Allesgeberin, die Leben und Tod, Glück und Reichtum sowie deren Gegenpole zuteilt und so auch das Schicksal repräsentiert. Das alljährliche Ziehen und Wiederkehren des geflügelten Tieres und seine Verwandlung stellen die Verbindung zur Wächterin über den Lebenszyklus des Menschen und der Natur dar. Kuckuck, Taube und andere Kleinvögel prophezeien im Volksglauben die Zukunft, verkünden den Tod und beherbergen die Seelen der Toten.

In der keltischen Mythologie ist die wunderschöne Pferdegöttin Rhiannon eine Erscheinungsform der ältesten Ausprägung von Aphrodite und verkörpert darin als „Große Königin" Leben, Tod und Wiedergeburt. Ihre magischen Vögel können Lebende in Schlaf versenken und Tote wiedererwecken. Sie singen bei einem magischen Fest, das sieben Jahre dauert. Das Schloss der Göttin liegt in der Unterwelt. Diesem ganzen „Stirb und werde"- Vorstellungskreis gehört das „schöne schneeweiße Vöglein" an. Es zeigt eine schöne Oberfläche, führt aber Hänsel und Gretel in die Katastrophe, an der sie fast zugrunde gehen, aber auch wachsen und reifen.[58]

Der Vogel setzt sich auf das Dach des Knusperhäuschens und erweist sich damit als Bote der Hexe und der hinter ihr stehenden Großen Mutter. Das Häuslein als bergender Schutzraum der Magna Mater ist aus Brot gebaut und mit Kuchen gedeckt, und seine Fenster bestehen aus hellem Zucker. Symbolisch gehören Vogel und Dach eng zusammen. Beide sind psychologisch dem Bereich des Vorstellens und Phantasierens zugeordnet und stehen so im Gegensatz zur irdischen Realität.

Wie der Vogel Bote des Numinosen sein kann, so vermag das Dach Ein- und Ausgang für Haus- und Naturgeister sowie verstorbene Seelen zu bilden. Es gewährt überdies Zuflucht und Obdach für Menschen und übernatürliche Wesen und verkörpert somit den schützenden Aspekt des Großen Weiblichen. Der Kuchen, mit dem es hier gedeckt ist, steht in Verbindung mit Vegetationsdämonen. Die Hexen sowie Frau Holle und ihr Gefolge backen ihn oder essen ihn als Lieblingsspeise, wenn er ihnen als Opfergabe dargebracht wird. In dieser Funktion symbolisiert Kuchen mit dem Kreuzeszeichen das Rund des Mondes und seine vier Phasen und verweist dadurch sinnbildlich auf den Bereich der Magna Mater.

Auch das Fenster gehört in diesen Zusammenhang. Ursprünglich war es die Öffnung für Licht, Luft und Wind in der Wand und bildete das Flugloch für die Seele und den Aufenthaltsort von Geistern. Tiefenpsychologisch gesehen verbindet es Ich und Welt sowie Bewusstsein und Unbewusstes. Wenn es aus Zucker besteht, drückt dies eine Nähe zum Mütterlichen aus. Ebenso steht das Brot als nährende Substanz symbolisch in diesem Kontext.

Das Knusperhaus repräsentiert die Verlockung der Göttin

Natur, die im Überfluss schenkt. Es ist für Hänsel und Gretel die Versuchung zur Regression in die orale Phase. Auf dieser Ebene bedeutet es die unbeherrschte Gier, der die Kinder bedenkenlos nachgeben, aber auch andererseits den Uterus, die Plazenta, die Milch gebende Brust und den mütterlichen Schutz schlechthin. Denn es ermöglicht das Leben, indem es zur Speise wird.

Im Unbewussten der Geschwister steht das Hexenhaus für die gute, ursprünglich alles spendende Mutter, die ihren Körper für die Ernährung der Kinder hergibt und die Hänsel und Gretel nun unterschwellig in der Außenwelt wiederzufinden hoffen. Beide zeigen dadurch, dass sie noch der unreifen, infantilen Bewusstseinswelt mit ihren entsprechenden Wunschphantasien verhaftet sind.

Im übertragenen Sinn kann das Essen von Teilen des Häuschens aber auch die Bedeutung von Kraftübertragung annehmen. Wenn man nach diesen Vorstellungen des Volksglaubens etwas isst und sich einverleibt, dann erhält man auch die Stärke oder die positiven Eigenschaften des Verspeisten, das meist symbolisch einen Gott vertritt. In diesem Sinne kann das Essen von Kuchen und Zucker auch als Beginn der Einweihung in den Bereich der Großen Mutter verstanden werden. Eine solche Initiation erfolgt meist beim Übergang von einer Lebensstufe zur anderen.

Dass Hänsel und Gretel gerade Teile vom Dach und Fenster verspeisen, die beide Durchgänge für dämonische Kräfte bilden, weist auf die Zufuhr oder den Austausch von Lebensenergie hin. Sinnbildlicher Ausdruck dafür ist der „Wind“, den die Geschwister als „himmlisches Kind“ bezeichnen. Damit dürfte die Dimension des göttlichen Atems oder Heiligen Geistes gemeint sein, der „weht, wohin er will“, und Menschen entsprechend in seine Sphäre einführen kann.[59]

Nun tritt die Herrin des Hauses selbst auf und lädt Hänsel und Gretel freundlich ein, hereinzukommen und bei ihr zu bleiben. Obwohl ihr hässliches Erscheinungsbild nichts Gutes verheißt, lassen sich die Kinder auf das Angebot ein. Zunächst werden sie nicht enttäuscht. Denn sie erhalten gutes Essen, dürfen in zwei schönen weißen Betten schlafen und meinen, „sie wären im Himmel“.

Äußeres und Inneres, das Knusperhäuschen und ihre Bewohnerin, scheinen identisch zu sein. Die Hexe erweist sich hier als „gute Mutter“ und würdige Repräsentantin des positiven Aspekts der Magna Mater, deren typische Funktion in diesem Bereich das Nahrungspenden ist.

Doch der Schein trügt nur kurz; denn die Leckereien der Hütte und die freundliche Bewirtung sind nur eine List und dienen der Absicht des dämonischen Waldgeistes, Kinder anzulocken und zu fressen. Die ganze Ambivalenz der Symbolik des Märchens spitzt sich hier am schärfsten zu. Der positive Höhepunkt des vermeintlichen Paradieses oder Schlaraffenlandes schlägt bald in sein grausiges Gegenteil um und wird für Hänsel und Gretel zum wochenlangen Albtraum.

Die austreibende Stiefmutter steigert sich hier zur mordgierigen Kannibalin, die den destruktiven Aspekt der Oralität verkörpert. Beide Figuren sind nur unterschiedliche Ausprägungen der gleichen Gestalt, die tiefenpsychologisch dem Typus der furchtbaren Mutter entspricht. Bei den Zulu in Südafrika gibt es eine Variante des Märchens, die von einem Geschwisterpaar analog zu Hänsel und Gretel erzählt. Die Kinder leben bei ihrem Großvater und machen sich auf den Weg zu ihren Eltern. Die Mutter ist eine Menschenfresserin, die schließlich nach etlichen Auseinandersetzungen Sohn und Tochter verschlingt. In beiden Geschichten symbolisiert die kannibalische Hexe als archetypisches Bild den Mutterkomplex, der das Ich-Bewusstsein gefährlich bedroht und seine Entwicklung auf fatale Weise hemmt.

Im archaischen Volksglauben bedeutet das Menschenleben nicht nur das Kostbarste, das denkbar und erreichbar ist, sondern auch den Inbegriff der höchsten Energie, deren Freigabe bzw. Zuführung Fruchtbarkeit bewirkt. Diese Einstellung entspricht dem sog. „magischen Kannibalismus“. Die Hexe isst im Märchen das Fleisch von Kindern, um sich deren unverbrauchte Lebenskraft anzueignen. Denn sie glaubt, dadurch ihre Fähigkeiten steigern und besser zaubern zu können.[60]

Doch ist dies nach Auffassung der Analytischen Psychologie nur der grausame vordergründige Ausdruck einer weit umfassenderen Dimension des Daseins. An sich hat die Hexe ihre mythologischen Parallelen in den großen Erdgöttinnen der vorchristlichen Religionen und stellt eine Personifikation einer tiefen, das bewusste Ich des Menschen übersteigenden Naturkraft dar. Sie steht für die magische, böse und negative Seite des Unbewussten und damit für den Todesaspekt der Großen Mutter, die mit ihrer furchtbaren Seite ihre eigenen Geburten zerstört und in sich zurücknimmt. Hier ähnelt sie der „schwarzen“ indischen Göttin Kali, die „Zeit“ bedeutet und alles, was sie in den Strom des Lebens geboren hat, auch wieder von ihm herausholt.

Auch verkörpert sie im Bereich des germanischen Volksglaubens die dunkle Dimension von Frau Holle als Repräsentantin der Untergrundkräfte und der Lebenszeit, die allen Dingen zur Reife verhilft. Weil sie dieses Ziel verfolgt, ist sie eine „Feindin“ der Kindheit, an deren Grenze sie wacht, damit keiner in diesem ursprünglichen Zustand verharrt. Auf negative Weise unterstützt sie jede Entwicklung, dadurch dass sie demjenigen, der lernend und bemühend mit ihr arbeitet, ihre Gaben und Fähigkeiten zur Verfügung stellt. Indem sie dabei unausgesprochen verlangt, dass die Seele sich von ihr frei mache, wird sie zu einer wesentlichen Begleiterin im Individuationsprozess des Menschen.[61]

Am hässlichen äußeren Erscheinungsbild der Hexe im Märchen fallen besonders ihre roten Augen auf, die oft als entzündet, triefend, blutunterlaufen oder eiternd gesehen werden. Damit stellt man sie in Zusammenhang mit Krankheit, Schmerz, Leiden, Not, Weinen und Trauer oder interpretiert sie als Merkmale von sehr unsympathischen, grausamen und bösartigen Menschen, denen man wie den Hexen einen dämonischen Charakter unterstellt.

Hier ergibt sich die Verbindung zum Glauben an den bösen Blick, den nach allgemeiner Auffassung Leute besitzen sollen, deren Seelen angeblich durch irgendeine schlechte Eigenschaft wie Zorn, Eifersucht und vor allem Neid affiziert seien. Bei den Hexenprozessen spielte diese Einstellung eine große Rolle, was sich u. a. daran zeigte, dass die angeklagten Frauen rückwärts in den Gerichtssaal hineingeführt wurden.

Aber im Märchen können innerhalb des hier genannten Kontextes die Zauberinnen „nicht weit sehen", haben aber „eine feine Witterung" für Ankömmlinge. Vielleicht besitzen sie aber auch nur rote Augenhöhlen ohne eigentliche Augäpfel. Entzündete Lider, trüber Blick, Blindheit oder Einäugigkeit sind letztlich nur verschiedene Ausdrucksweisen für den Status der Hexe als verstoßene Außenseiterin, die nicht geliebt wird und grundsätzlich als böse gilt.

Rot ist an sich die Farbe der Lebendigkeit, der Vitalität, des

Eros, der Aggressivität, der Emotionalität und der Erregung und erscheint als Sinnbild des Blutes, des Feuers, des Lichts, des Blitzes und der Gestirne. Es steht auch für ungebändigte Energie, vulkanisch gefährliche Elemente der Tiefe, den Ausbruch der Leidenschaft und die Flamme des Begehrens und der Triebhaftigkeit. Auf diese Weise kann es zur Symbolfarbe der magischen Welt und ihrer Dämonen werden.

In einer hessischen Märchenvariante kommt Frau Holle aus einem „Häuschen von Pfannkuchen" als „rotes Mütterlein" heraus, das von dem „schönen goldenen Mädchen" gelaust werden will. Sie zeigt hier ihre dämonische Feuernatur, die den Menschen auffordert, ihre ungebändigte Kraft zu reinigen, zu ordnen und zu bewältigen. Wenn diese Aufgabe erfüllt wird, erweist sich die rote Holle als gütige Fee und ihr Kuchenhaus als Sinnbild ihres unerschöpflichen ernährenden Überflusses. Nur wer wie das „garstige dreckige Mädchen" ihr nicht gehorcht, erfährt auch ihre destruktive Seite als Hexe und Vampir.[62]

In matriarchalen Zeiten entsprach das Zeichen des roten Vollmonds der Großen Göttin in ihrer erwachsenen, voll ausgereiften Gestalt als Mutter der Erde und Herrin der Liebe und Fruchtbarkeit, die im Sommer als Höhepunkt des Jahres regiert. Man übertrug diese Symbolik dann auch auf den Höhepunkt der Phasen des weiblichen Zyklus.

Das Blut, das aus der monatlichen Regel stammt, wurde im taoistischen China zum „yin"-Prinzip, das nach ostasiatischer Auffassung allen Dingen Leben, Heil und Glück verleiht. Bei den alten Indern und Kelten wurde der König inthronisiert, indem er den Beischlaf mit der „roten", d. h. menstruierenden Göttin bzw. deren Repräsentantin vollzog. Sinnbild dieser Blutvollmacht war in matriarchalen Mythen der Granatapfel, der in der Hand des auf seinem Thron sitzenden Großen Weiblichen das Symbol für die Gebärmutterschleimhaut in ihrer blutroten Fülle sowie für die Liebe während des Zyklus in der „heiligen Hochzeit" des Männlichen mit der Göttin darstellte.

Die Farbe des Krieges und des Feuers wurde mythologisch auch maskulinen Gestalten zugesprochen, etwa dem griechisch-römischen Ares-Mars, dem keltischen Balor oder der germanischen Trias Wotan, Donar und Loki. Mit der Einführung des Christentums erfuhren diese Götter eine Abwertung und verschmolzen mit der Figur des Teufels, dem deshalb das aggressive Rot zugeschrieben wurde und der z. B. Bart, Rock und Mütze auch in dieser Farbe trug.

Die Große Göttin und ihr Heros waren im Matriarchat noch eng aufeinander bezogen. Bei den alten Germanen wurden sie noch als Frau Holle und Wotan verehrt, im patriarchalen Mittelalter aber immer mehr dämonisiert. Hexe und Teufel haben rote Augen, gehören zum unterdrückten Erdarchetyp, gelten als böse und gefallen und werden in unserer Kultur mit allen negativen Phantasien von Abgrund und Sünde verbunden. Im Märchen schimmern diese psychohistorischen Zusammenhänge noch ganz unterschwellig durch.[63]

Die Hexe zeigt nun im weiteren Verlauf der Erzählung ihr wahres Gesicht, sperrt Hänsel „in einen kleinen Stall" und kocht ihm fortan „das beste Essen", um ihn „fett" zu machen, damit er „ein guter Bissen" für sie werden solle. Zu diesem Zweck schleicht sie jeden Morgen zu seinem Gefängnis, lässt ihn seine Finger herausstrecken und befühlt diese. Hier findet das allgemein verbreitete Märchenmotiv des dämonischen Weibes, das Kinder mit leiblichen Genüssen fängt und dann mästet, um sie zu fressen, seinen konkreten szenischen Ausdruck.

Eine von Ignaz V. Zingerle mitgeteilte Sage aus Tirol zeigt noch direkter, worum es hier geht: Die Stempa, hier auch „Langtüttin“ wegen ihrer langen Brüste genannt, ist die Perchta oder Holle der alpenländischen Glaubensvorstellung, die aber vor allem destruktive Züge aufweist. Als gefürchtete Unholdin stellt sie besonders Kindern nach und entführt sie gelegentlich. Diese überversorgende und ihren Gelüsten wild folgende Kannibalin lockt nun in der erwähnten Sage einen achtjährigen Jungen an, indem sie ihm die Brüste bietet, aus denen teils Milch, teils Eiter fließt.

Psychoanalytisch gesehen handelt es sich dabei um ein mehr oder weniger direktes Ausagieren des Ödipuskomplexes im Verhältnis zwischen der Mutter, die hier sogar die treibende Kraft bildet, weil sie ihr Kind „zum Fressen gern“ hat, und dem Sohn, der zunächst nur als hilfloses Opfer und ohnmächtiger Spielball innerhalb der interfamiliären Erotik erscheint und sich erst allmählich gegen sein Schicksal aufzulehnen beginnt.

Dazu passt stimmig im Märchen, dass die Finger, die Hänsel jeden Morgen für die Hexe aus dem Stall herausstrecken muss, durchaus als phallische Symbole aufgefasst werden können. Auch das „Knöchlein“, das der Junge stattdessen der Alten zeigt, darf man dann ähnlich deuten. Aber damit wäre die Sinnbildlichkeit des ganzen Vorgangs und der erwähnten „Objekte“ noch längst nicht ausgeschöpft.

Das Wort „Stall“ bezeichnet z. B. ursprünglich ganz allgemein einen Standort oder eine Stelle und dann im übertragenen Sinn einen Platz, an dem eine Geburt wie etwa diejenige des Jesuskindes stattfindet. Der Finger gilt nach Bachofen als Darstellung der schaffenden und nährenden Zeugungskraft im Menschen. Wird einer im Märchen geopfert, ist er das Mittel, um in eine andere Welt des Lebens und der Erkenntnis zu gelangen. Mit ihm und seinem bedeutungsvollen Zeigen werden Zeichen gegeben und magische Gesten vollführt, die als Segen oder Fluch gemeint sind. Das Vorstrecken des Mittelfingers war etwa in der Antike Ausdruck der schlimmsten Beleidigung und der Verachtung.

Dem Daumen werden im Volksglauben besondere Weisheit mit geheimen übernatürlichen Fähigkeiten zugeschrieben, die sich im verschlagenen, spitzfindigen Däumling als einem eigenen selbstständigen Wesen verkörpern. Vor allem der kleine Finger ist nach primitiver Auffassung der Sitz unbewusster Seelenmächte, die schöpferische Bedeutung und naturhaft-intuitives Wissen haben und denen man auch die Gabe des Zaubers und der Weissagung zuschreibt.[64]

Knochen sind in der Nachfolge von alten germanischen Verben, die um die Wortbedeutung von „drücken, pressen, klopfen“ kreisen, benannt als das, womit man anstößt oder gegen etwas schlägt. Doch hinter dem äußeren Erscheinungsbild ihrer harten Oberfläche versteckt sich nach abergläubischer Vorstellung ihre innere Funktion als Wesensträger, die wichtige Lebensstoffe und sogar die Vitalkraft des Menschen beherbergen. Auch sind Knochen eng mit dem Tod und dem Schicksal verbunden, wurden schon in der Vorzeit Göttern geopfert und zum Orakel verwendet. Neben Sterblichkeit und Vergänglichkeit verkörpern sie besonders das unzerstörbare Lebensprinzip, das nach Auferstehung strebt.

In matriarchalen Zeiten galt der weiße Knochen als Symbol und Epiphanie der greisen Todesgöttin, die im Herbst und Winter herrschte und dabei die Keime zur Erneuerung des Lebens im Frühjahr legte. Die ganze, hier skizzierte Symbolik verweist so auf die Entwicklungsstufe der Menschheit, die von der Großen Mutter und ihrem göttlichen Kind mit dessen Opfer, Sterben und Wiedererstehen geprägt ist und in diesen Ritualen den Wandel des Jahreskreislaufs in der Natur ausdrückt.

Die Hexe im Märchen mästet den kleinen Hänsel in der unbewussten Absicht, ihn zu ihrem Sohn- und Jünglingsgeliebten zu machen, mit dem sie die „heilige Hochzeit" feiern will. Bei dieser „Initiation" soll der Heranwachsende getötet und kastriert werden, damit die „Mutter Erde" durch sein Blut und seinen Samen neu befruchtet werden kann. Dazu passt symbolisch, dass in russischen Märchen die dämonische Herrin des Waldes einen Finger des jungen Helden nicht nur befühlt, sondern auch abhackt.

Im Christentum wurde aus dem Sohngeliebten der Großen Göttin ein satanischer Teufel, der die alten Abhängigkeitsverhältnisse des Matriarchats umkehrte und nun seinerseits die Hexe als Nachfahrin der Magna Mater dominierte. Tiefenpsychologisch entsprach er dem Tricksterarchetyp, von dem Hänsel in der Grimmschen Erzählung einige Züge besitzt. Jedenfalls ist die steinalte Kannibalin des Märchens nur noch eine groteske Karikatur der einstmals Großen Göttin, die jetzt nicht mehr nur dämonisiert, sondern vor allem auch in diesem Zusammenhang des Textes lächerlich gemacht wird. Sie scheint mit ihren „trüben Augen" fast so blind zu sein, dass sie das „Knöchlein" des gefangenen Jungen nicht von einem Finger unterscheiden kann.

Dies ist der Punkt, an dem Hänsel ein letztes Mal mit einem klugen, gewitzten Einfall aktiv in die Handlung eingreift und noch einmal die Rolle des schelmischen Tricksters spielt. Das Gestalten und Ausleben der Energie des archetypischen Narrenmusters zeigt nochmals deutlich die Flexibilität und Kreativität des listigen Knaben sowie seine Fähigkeit, „um die Ecke" denken zu können. Seine schöpferische Phantasie vermag die Katastrophe hinauszuschieben und dadurch letztlich der „heiligen Todeshochzeit" mit der Herrin des Waldes zu entgehen, was aber vor allem seiner bisher so passiven Schwester zu verdanken ist.[65]

Die Hexe behandelt Gretel grundsätzlich anders als Hänsel. Sie lässt das Mädchen als Dienstmagd hart für sich arbeiten, indem es täglich einen „Kessel mit Wasser" schleppen und „aufhängen" muss, um „Feuer anzuzünden" und für den gefangenen Bruder „das beste Essen" zu kochen. Wahrscheinlich hat es ihn dann auch zu füttern und andere schwere Hausarbeit zu verrichten. Als Nahrung bekommt Gretel „nichts als Krebsschalen" und als Lohn nur harte, böse Worte ihrer fressgierigen Herrin.

Während dieser schwierigen Zeit verändert sie sich aber langsam und reift in Haus und Küche, im Bereich des Weiblichen also, zu ihrem wahren Wesen heran. Zunächst reagiert sie auf diese Situation mit ihrem bisherigen Verhaltensschema. Sie ergibt sich passiv und resigniert in ihr Schicksal. Zwar klagt und jammert sie, fleht Gott um Hilfe an und weint „bitterlich", handelt aber doch nur aus Ohnmacht und Abhängigkeit heraus, indem sie die Befehle der Hexe gegen ihr Gefühl ausführt und umsetzt.

Tiefenpsychologisch bedeuten die Tränen eine vollständige und schmerzliche Zuwendung zum Unbewussten. Aber sie bringen nicht nur Depression, Unheil oder Tod zum Ausdruck, sondern haben auch eine Glück bringende Kraft. In Mythen und Märchen sind sie Beweis seelischer Reinheit und himmlischer Barmherzigkeit. Böse Menschen, vor allem Hexen, können nach Auffassung des Volksglaubens nicht weinen. Das Ausbleiben der Tränen wurde dabei dem Einfluss des

Teufels zugeschrieben, der dadurch versuchte, die Sünder in seine Gewalt zu bekommen.

Gerade wegen ihrer Unfähigkeit in diesem empfindsamen Bereich muss die Kannibalin aus dem Erzähltyp AaTh 327 A so brutal und verständnislos auf Gretels Jammern reagieren und deren Schluchzen zynisch als „Geplärre" abtun. Außerdem sind Tränen in Märchen oft Zeichen oder sogar Mittel der Erlösung und binden an das Leben. Nach abergläubischen Vorstellungen können sie bei Mensch und Tier auch Fruchtbarkeit bewirken. In der Alchemie bezeichnen sie eines der vielen Symbole des Heil- und Lebenswassers. Gretels weibliches Wesen ist auf besondere Weise mit diesem Element verbunden.

Nach C. G. Jung hat das Wasser, vor allem seine Tiefe, im Allgemeinen mütterliche Bedeutung, die auch die Schoßsymbolik mit einschließt. Es beherbergt vorwiegend weibliche Dämonen wie Nixen, Feen und Nymphen und kann als Sinnbild für das aus dem Unbewussten stammende seelische Leben aufgefasst werden. So wird es sogar zum Symbol dieser Tiefendimension der Psyche, der alles Wirkliche entsteigt und die auch wieder, alles überflutend, dieses Reale in sich zurückzunehmen vermag. In der Doppelfunktion als Wasser des Lebens und des Todes enthält es gleichnishaft das Geheimnis der Belebung, Wandlung, Heilung und Ganzwerdung im Sinne einer sich stufenweise vollziehenden Wiedergeburt der Seele.[66]

Diese Symbolik geht nahtlos in das Sinnbild des Kessels über, der im Märchen von Gretel auf Geheiß der Hexe aufgehängt wird und ebenso wie das Wasser tiefenpsychologisch ein Symbol des Unbewussten im mütterlichen Sinn und damit auch des Schoßes ist.

In der altnordischen Mythologie entstanden die Welt und das Leben am Anfang der Zeiten aus dem Abgrund Hvergelmir, der die Form eines Braukessels hatte und dessen brodelndes Wasser als Urmutter von allem Seienden verehrt wurde. Bei den Märchenhexen taucht diese kosmische Dimension des Topfes in einer kleineren Variante auf, aus der allerdings alle ihre Schöpfungen hervorgehen und in die sie alle wieder eingerührt werden, um im großen Gebräu der Natur zu versinken.

Allgemein ist der Kessel ein Symbol für das, was Frauen von ihrem Wesen her tun, nämlich gebären, nähren, wachsen lassen, bewahren und heilen. Dies zeigt sich mythologisch in der Gestalt von Göttinnen, die Zauberkessel besaßen. Bei den Kelten hießen sie Dana und Cerridwen, bei den Germanen war es Freyja und bei den Griechen Medea, die ursprünglich als Gottheit aufgefasst wurde, aber in späterer Zeit zur Gift mischenden Hexe herabsank – ein Schicksal, das Freyjas Priesterinnen im christlichen Mittelalter auch teilen mussten.

Dieser Kessel der Großen Mutter bedeutete die Gabe der Inspiration, Weisheit und Dichtkunst, die Quelle unerschöpflicher Fruchtbarkeit und nie versiegenden Überflusses an Speise und Trank sowie das Symbol von Tod und Wiedergeburt, Heilung und Lebenserneuerung. Einerseits war er ein den weisen Frauen unterstehendes Kultgerät, andererseits verkörperte er die Erde und die Vulva der Göttin, aus der nach mythischer Vorstellung alles Lebendige hervorkam.

Die ganze Symbolik der Magna Mater wird im Märchen noch durch das Sinnbild des Krebses ergänzt, dessen Schalen Gretel essen muss. Oberflächlich gesehen scheint diese Metapher nur sog. „typisch weibliche" Tätigkeiten in Haus und Küche wie Essen kochen, Stube fegen, und aufräumen auszudrücken. Doch der Bedeutungshorizont des Krebses ist weiter, vielschichtiger und abgründiger angelegt.

Tiefenpsychologisch verkörpert dieser die Große Mutter

in Tiergestalt, die auf ambivalente Weise Leben und Schicksal eines Menschen bestimmt. Er weist Parallelen zur vorgriechischen Göttin Gorgo in ihrem verschlingenden Aspekt als Erde, Nacht und Unterwelt auf und gehört damit auch zum Symbolkreis der Urmacht des furchtbaren Weiblichen. Seine Scheren sehen wie Mondsicheln aus, die den fressenden Schoß oder das zermalmende Todesmaul der alten Dunkelgottheit repräsentieren. Auf alten Gefäßen, Schalen und Münzen wurde der Krebs meist mit dem Gorgonenantlitz abgebildet.

Auch ist er häufig ein Symbol des rückwärtsgehenden und sich in der Finsternis verbergenden Mondes, der, verschlungen, oft mit negativen Sinnbildern verbunden wird. Im Volksglauben empfand man ihn gelegentlich als Unglückstier, Dämon und Ungeheuer. Aber der Krebs bedeutet im positiven Bereich vor allem Auferstehung und Häutung, weil er immer wieder die Schale wechselt. So nimmt er auch die weibliche Symbolik des Gefäßes an, das nicht nur einsaugt und vernichtet, sondern auch aufbaut, wandelt und gebiert. Astrologisch ist er ein feminines Tierkreis- und Wasserzeichen, das auch als Haus des Mondes gilt.

Die mittelalterliche Volksmedizin empfahl Krebsgerichte als hervorragendes Mittel, die Empfängnis zu fördern und die Geburt zu erleichtern. Auch schrieb man dem Tier animalische Fruchtbarkeit zu. Die negativen Aspekte dieses Symbolkreises gerade auch hinsichtlich der Gorgo können im Märchen auf die Hexe, seine positiven Seiten aber auf Gretel und ihre sexuelle Reifung bezogen werden. Gerade der Genuss von Schalen des fruchtbaren Krebses deutet die magische Entwicklung des spezifisch Weiblichen an, bei der das Mädchen zur Frau, Gretel zu Margarete und damit zur eigentlichen Heldin der Erzählung wird.[67]

Die Ereignisse im Märchen spitzen sich durch die aggressive Ungeduld der fressgierigen Hexe zu, die ihre bisher folgsame Dienerin unerbittlich zum katastrophalen Höhepunkt antreibt. Irgendwo zwischen Wassertragen und Feueranzünden entsteht im verängstigten Mädchen ein Handlungsimpuls, der zur Wende des Geschehens und zum Umschlag von der äußersten Not ins positive Gegenteil führt, was C. G. Jung nach Heraklit auf der psychologischen Ebene als Gesetz der Enantiodromie bezeichnet.

In der allgemeinen Symbolik sind Feuer und Wasser die beiden miteinander im Widerstreit stehenden Elemente, die letztendlich einander durchdringen und sich vereinigen. Sie werden auch durch die großen mythischen Gestalten des Himmelsvaters und der Erdmutter verkörpert und repräsentieren dabei das aktive männliche und das passive weibliche Prinzip. Beides wird im Märchen durch Gretels Anzünden und Tragen im Hinblick auf die zwei Elemente noch einmal sinnbildlich unterstrichen.

Doch es gibt nicht nur das vom Himmel, sondern auch das aus der Erde stammende Feuer. Mythologisch drückt sich dies etwa im germanischen Gott Loki (Lohe) aus, dessen Mutter Laufey, das Laubholz, ist. Die Analytische Psychologie interpretiert dabei die Magna Mater als Hüterin ihres Elements, das sie selbst in Gestalt des Urvaters hervorgebracht hat und das sie nun als Sohngeliebter wiederum befruchtet. So wird die Feuererzeugung seit alters oft als sexueller Akt aufgefasst, bei dem die Flamme im weiblichen Holz entsteht, indem sie aus ihm vom Männlichen „herausgebohrt“ werden muss.

Im Hintergrund spielen diese mythologischen Vorgänge im Umkreis der „heiligen Hochzeit“ eine Rolle bei der Fressgier der Hexe, die sich als negative Verkörperung der Großen Göttin ihren jungen Heros zum Liebespartner ausgesucht hat und sich durch einen kannibalischen Akt der Einverleibung nun mit ihm vereinigen will.

Doch innerseelisch ist Hänsel der Animus von Gretel, der im Individuationsprozess nicht aufgelöst werden darf, sondern dabei das weibliche Ich auf seinem Weg begleiten soll. Was zerstört und gewandelt werden muss, ist die fruchtbare Magna Mater, die das Mädchen psychisch völlig zu vereinnahmen sucht, um übermächtig seine ganze Persönlichkeit beherrschen zu können.

Aber Gretel hat während ihrer „Lehrzeit" in der Küche des Knusperhäuschens den entscheidenden männlichen „Erdgeist"-Anteil, wie er sich im Sinnbild des Feuers ausdrückt, so weit in sich integriert, dass sie jetzt im Gegensatz zu früher Mut, Entschlusskraft und Aktionsfähigkeit besitzt und den Kampf gegen die destruktive Mutterimago mit List und Berechnung aufnimmt.[68]

Symbolraum dieser Auseinandersetzung im Zeichen des „Stirb und werde" ist der Backofen, den die Hexe schon eingeheizt hat, um Gretel darin ebenso wie Hänsel zu braten und später aufzuessen. Das eiserne Gerät repräsentiert wie kaum ein anderes Sinnbild die Große Mutter in ihrem geheimnisvollen, undurchschaubaren Wirken.

Nach Auffassung des Volksglaubens sind Vegetationsdämonen wie Hexen, Riesen und Zwerge im gewaltigen Backofen der Natur tätig. Entsprechend diesem kosmischen Backprozess wird nun das Zeugen des Menschen mit der Brotherstellung verglichen. Dabei assoziiert man auch ganz bildhaft die Ofenform mit dem gewölbten Mutterleib und das Herausziehen des fertigen Brotes mit einer Geburt. Dabei wird die Naturkraft des Samenkorns in die menschlich genießbare, nährende Frucht des Lebens umgestaltet. So erscheint der Backofen als Mysterium des Uterus, sakrales Wandlungsgefäß der Existenz und numinoser Ort der Reifung und Wiedergeburt. Als Sitz von Elementargeistern und Verkörperung des Großen Weiblichen wird er in der Volksfrömmigkeit für „prophetisch" gehalten und von den Menschen in der Erwartung befragt, dass er das Schicksal verkünde.

In der Alchemie taucht er als Schmelzofen auf, in dem sich eine neue Lebenssituation auskocht und der Prozess des Grossen Werkes, d. h. der Umwandlung des unedlen Metalls, stattfindet. Dieses hermetische Gefäß oder „vas mirabile" stellt nach C. G. Jung eine Art „matrix" im Sinne eines „uterus" dar, aus dem der wundersame „Stein der Weisen" geboren wird. Es ist somit eine mystische Idee und ein Symbol des Entwicklungsprozesses der Selbstbeherrschung im sündigen Menschen.

In AaTh 327A klingt diese geheimnisvolle Dimension des Ofens an. Beim Verbrennen der Hexe handelt es sich um die Überwindung der bösen Mutterimago in sich selbst. Dieser Vorgang verläuft völlig im Unbewussten und geschieht durch das verborgene innere Feuer der Magna Mater, die es in den Tiefen der Erde beherbergt und daher in sich trägt.

Quasi in ihrem eigenen Backofen wird die Muttersubstanz, die Seelenkraft der „materia", durch Selbstvernichtung gewandelt und geläutert. Die alte Hexe muss sterben, damit die junge Gretel leben kann, d. h. die Möglichkeit besitzt, die übermächtige Instanz in sich abzustreifen, neu zu werden und der erwachsenen Margarete entgegenzureifen.[69]

Genau wie die Stiefmutter ist auch die Hexe ein Ferment der Wandlung im Entwicklungsprozess der Märchenkinder. Zunächst bringt sie die Geschwister ins Elend, indem sie diese anlockt, um sie zu verschlingen, worin sich tiefenpsychologisch ihr Streben nach Zerstörung und Nichtsein ausdrückt. Dieser Tendenz entspricht die Sehnsucht des Menschen nach der „Todesmutter", d. h. seine Neigung, immer wieder in Unbewusstheit abzusinken und dabei zur Auflösung des Bewusstseins zu gelangen, um in die „ewigen Gefilde" der Magna Mater einzugehen.

Andererseits kann der negativen Wirkung dieser Muttergestalt jedoch Wandlung und Erneuerung folgen, indem der an die Hexe Gebundene zur Kreativität verurteilt ist. Nur durch die schöpferische Tat befreit er sich von der Verkörperung des mütterlichen Unbewussten, erleidet dadurch das Heldenschicksal und findet dank der Gefahr zu sich selbst.

Auf diese Weise kann auch die scheinbar absolut destruktive weibliche Figur positive Werte zutage fördern. Sie wird dadurch überwunden, dass ihr nach dem Prinzip von Jäger und Hase das, was sie dem ausgesetzten Kind zugedacht hat, zum eigenen Schicksal wird.

In AaTh 327A und anderen Märchen erhält sie ihre Strafe, indem sie verbrannt und damit überwunden wird. Sie muss bekämpft werden, wenn das Geschehen lebendig weitergehen soll. Dies ist die archetypische Voraussetzung des menschlichen Reifungsprozesses, und dabei besteht der erste Schritt in der Trennung von der „bösen" Mutter, was erst die Möglichkeit schafft, das Leben selbst in die Hand zu nehmen.

Die Hexe als Symbol der verschlingenden Seite des Unbewussten verursacht eine seelische Krise, die zu Neubesinnung und Anstrengungen im Sinne konsequenter Progression zwingt. Die Entwicklung kann dabei zu einem von dieser Erfahrung geprägten tiefen Wissen um die Ausgeliefertheit alles Menschlichen und damit zur Stärkung des Ich-Bewusstseins führen. Jeder Reifungsschritt enthält den Sterbevorgang eines vorherigen und das Geborenwerden in eine neue Lebenssituation, bedeutet mit dieser Erkenntnis aber auch eine Zunahme an Individualität, die das Schuldigwerden erst möglich macht.

Übrigens gab es aus folkloristisch-ethnologischer Sicht auf den frühesten Stufen der Einweihungsriten archaischer Völker überall die Vorstellung von der reinigenden und verjüngenden Kraft des Feuers. Verbrennen, Ansengen und Kochen der Initianden wurde als Wohltat aufgefasst und führte nach allgemeiner Anschauung zu denjenigen Fähigkeiten, die ein vollberechtigtes Mitglied der Stammesgesellschaft brauchte.

Doch im Laufe der Zeit verloren der Glaube an die Magie und die damit zusammenhängenden Mythen ihre Vorrangstellung und traten sie an neue „profane Versionen“ der ehemals heiligen Erzählungen ab. Diese leugneten nun die Segnungen des Feuers im Leib des Vernichtungsdämons und kehrten die Spitze gegen den meist weiblichen Verbrenner selbst, der jetzt von den Kindern in den Ofen geworfen wurde. Das Märchen betrachtete ihn als Schaden bringendes, verbrecherisches Wesen, das im vereinigenden Element der Flamme ausgelöscht werden musste, und interpretierte diese Strafe in eine Art Wiedergutmachung für die von der Hexe verübten „bösen“ Taten um.[70]

Die zuletzt erörterten Gedankengänge führen direkt ins Thema der Initiation ein, die das Vorbild für Tod und Wiedergeburt ist und den Übergang von einer Seinsebene zur anderen darstellt. In der Regel wird eingeweiht, wer bestimmte Stufen der Reifung, Prüfung und Bewährung durchlaufen muss oder will. Dabei hilft ein System von Riten und Unterweisungen, dessen Ziel darin besteht, eine radikale Veränderung des religiösen und sozialen Status der Initianden herbeizuführen. Vor allem findet bei Naturvölkern in der Pubertät eine Einweihung der Jungen und Mädchen in die Geheimnisse des Erwachsenendaseins statt. Dabei geht es darum, die noch vorhandene Abhängigkeit von den Eltern zu überwinden und verantwortliche Eigenständigkeit in der Gesellschaft zu erlangen.

Initiation erfordert meist einen symbolischen „Abstieg in die Hölle", damit die dunkle Seite der Natur abgestreift wird, bevor der sog. „Aufstieg in den Himmel" erfolgen kann. Daher werden die entsprechenden Zeremonien gewöhnlich in Höhlen, Labyrinthen, Wäldern, heiligen Hainen oder sakralen Häusern abgehalten, die den Leib der umfassenden Großen Gottheit verkörpern, woraus der wiedergeborene Mensch in das Licht zurückkehren kann.

Die jungen Mädchen werden bei den Naturvölkern vor der Reifezeit streng abgesondert und leben in der Einsamkeit. Sobald sie ihre erste Monatsblutung bekommen haben, werden sie wie Hänsel eingesperrt, d. h. in einer Pubertätshütte untergebracht, wo sie eine Zeitlang bleiben müssen. Dort haben sie wie Gretel zu fasten und niedere Arbeiten zu verrichten. Sie werden geängstigt, geplagt, gemartert und beschnitten, um dem Sterben im Leben zu begegnen und als „neue" Menschen daraus hervorzugehen.

Die Prüfungszeit beinhaltet im Ritual Mut- und Geschicklichkeitsproben sowie Belehrungen über sexuelle Praktiken, Menstruation, Schwangerschaft und Geburt. Die Vermittlung erfolgt durch eine alte Frau des Stammes, die den Mädchen spezielle Aufgaben kultischen Charakters gibt. Diese ursprünglich zauberkundige weise Initiationsmeisterin wird im Märchen zu einer oft bösartigen Hexe wie in AaTh 327A. Nach abgeschlossener Einweihung erhalten die weiblichen Prüflinge bei der Rückkehr in ihre Gemeinschaft den Status einer heiratsfähigen Frau. Auf diesem ethnologischen Hintergrund könnte die Kannibalin für Gretels Entwicklung eine überwiegend positive Bedeutung und Funktion im Sinne einer Betreuerin und Seelenbegleiterin erhalten.

Die Jungen werden bei ihren Pubertätsriten von einem männlichen Lehrer unterrichtet. Sie erfahren dabei symbolisch Tod und Wiedergeburt noch gewaltsamer als die Mädchen durch Praktiken wie Ausschlagen der Zähne, Verstümmelung, Tätowierung und Abschneiden von Fingern. Ihre Einweihungshäuser haben oft die Form eines Fisches mit riesigem offenem Maul.

Sinnbildlich werden also die Jünglinge in einem rituellen Vorgang auf der inneren Ebene von diesem „Tier gefressen“ und wechseln dabei aus der behütenden Mutter-Kind-Beziehung in das Verhältnis zu Mitmensch, Gott und Welt. Nachdem sie eine Zeitlang im „Magen des Ungeheuers“ verbracht haben, werden sie wieder „ausgespien“ und kehren in ihren Stamm zurück.[71]

5. 3. Die Geschwister, der Schatz und die Rückkehr

In der Analytischen Psychologie gibt es gewisse Parallelen zu den Einweihungsriten der Naturvölker. C. G. Jung sieht etwa in seinem Therapiekonzept der Individuation des Patienten durch die schöpferische Begegnung mit dem Unbewussten den „einzig noch lebendigen“ und praktisch verwendeten Initiationsprozess in der abendländischen Kultursphäre. Er konkretisiert in „Symbole der Wandlung“ diese einigermaßen pauschalisierende Behauptung und versucht sie an zahlreichen Mythen und Symbolen zu belegen.

Ein zentrales Beispiel, das sich wie ein roter Faden durch die Schrift von 1912 zieht, ist für ihn die biblische Geschichte des Propheten Jona, der von einem Walfisch verschluckt und nach drei Tagen wieder ausgespien wird. Durch Gottes Macht erlebt er dabei ein inneres Wandlungsmysterium. Er erreicht neue Erkenntnismöglichkeiten, indem er in eine andere Bewusstseinsstufe hineinwächst.

In diesem Zusammenhang zitiert C. G. Jung Paracelsus und Eliezer ben Hyrcanus, die behaupten, dass Jona im Bauch des Ungetüms nicht einfach gefangen gewesen sei, sondern dort „gewaltige Mysteria“ gesehen habe und dass in den Eingeweiden des Fisches eine Perle aufgehängt gewesen sei, die dem Propheten Licht gegeben und es ihm ermöglicht habe, alles im Meer und seinen Tiefen anzuschauen.

Jung zieht daraus den Schluss, dass in der Dunkelheit des Unbewussten ein Schatz verborgen liege, den er als „schwer erreichbare Kostbarkeit“ und „fascinosum par excellence“ bezeichnet. Dies ist das Ziel der Libido auf ihrem Rückzug in die Tiefen der Seele, ins „Reich der Mütter“. Wer dort eintritt, unterwirft seine bewusste Ich-Persönlichkeit dem beherrschenden Einfluss des Unbewussten.

Die Regression der psychischen Energie geht dabei zur pränatalen Urwelt der archetypischen Möglichkeiten oder Kollektivbilder zurück. Sie bildet im Wechsel mit der Progression für Jung ein Prinzip, das sich besonders in dem von Leo Frobenius bearbeiteten „Walfischdrachenmythus“ und der damit zusammenhängenden Nachtmeerfahrt des Sonnenhelden symbolisch ausdrückt.

Das Eingehen des Heros in den Bauch des Ungeheuers stellt die regressive Richtung und die Abkehr von der Außenwelt dar, das Herauskommen aus dem Leib ist der Wiederbeginn der Progression. Der Heldenmythos beinhaltet die Suche nach der „schwer erreichbaren Kostbarkeit“, den Kampf mit dem Drachen des Chaos und das Abenteuer der Nachtmeerfahrt, deren Ziel und Ende die Wiederherstellung des Lebens, die Auferstehung und die Todüberwindung ist.[72]

Das Wechselspiel von Regression und Progression bedeutet nach Jung eine archetypische Aktivität mit der Perspektive, eine erweiterte Identität zu entwickeln, und spielt gerade in der Adoleszenz eine große Rolle. Dabei steht der Ich-Komplex in Verbindung mit dem dominierenden Urbild des Helden, der sich sinnbildlich gesprochen im Drachenkampf aus der Übermacht des Elternarchetyps lösen muss.

Bei den Pubertätsriten der Naturvölker wird nach Auffassung der Analytischen Psychologie dieses zentrale Übergangsphänomen des Erwachsenwerdens aufgegriffen. Archetypische Aspekte dieser Initiationsphase sind für den Jugendlichen das Durchleben eines schmerzlichen Zustands der Objektlosigkeit und Einsamkeit, das Erleiden eines symbolischen Todes, der Wunsch nach Prüfung sowie die Erfahrung einer Neu-Geburt als Beginn eines anderen Lebensabschnittes. Die Pubertätshütte wird dabei tiefenpsychologisch zum Sinnbild für die Wanderung und den Kampf des Helden und bildet auch eine metaphorische Ausgestaltung des Jona-Motivs, das die Verschlingung und Ausspeisung durch das mütterliche Monstrum des Walfischs als Gleichnis für zeitweiliges Eingehen ins Unbewusste mit dem Ziel einer grundlegenden Wandlung thematisiert.

C. G. Jung bringt nun diese Geschichte gelegentlich in Verbindung mit „Hänsel und Gretel". Er spricht dabei vom Jona-Walfisch-Komplex, der viele Varianten wie etwa die kannibalische Hexe habe und sich um die Befürchtung des Kindes drehe, von der Mutter aufgefressen zu werden. Hier verweist er wieder einmal auf den Ethnologen Frobenius, bei dem das Bild des furchtbaren Aspekts der Magna Mater in Gestalt des alles in sich vereinnahmenden Drachen als Personifikation des Todes erscheine.

Dieser Mythenforscher erwähnt in seinem Buch „Das Zeitalter des Sonnengottes" von 1904 auch Basiles Märchen „Nennillo und Nennella", das eine frühe Fassung des Erzähltyps AaTH 327A darstellt. In der italienischen Geschichte wird das Mädchen von einem Zauberfisch verschlungen und erblickt in seinem Bauch herrliche Gefilde, wunderschöne Gärten und einen prächtigen Palast, in dem es nun wie eine Prinzessin lebt, bis es von dem Tier an eine Seeküste gebracht wird, dort seinen Bruder sieht und darauf aus dem Rachen des Monstrums in voller Schönheit an Land springt. Hieraus ergeben sich weitere Parallelen zu C. G. Jungs Jona-Interpretation und zur Grimmschen Fassung von AaTh 327A.[73]

Hänsel und Gretel beginnen schon bei der Aussetzung im Wald das Abenteuer der Nachtmeerfahrt und den Abstieg in die dunkle Welt des kollektiven Unbewussten. Als Führer in dieses Reich dient das schneeweiße Vöglein. Ziel der Reise nach innen ist das Knusperhäuschen, das den Bauch des Walfischdrachen symbolisiert. Der Stall, in den Hänsel eingesperrt wird, die Küche, in der Gretel arbeiten muss, und der Backofen, in dem die Kinder gebraten werden sollen, stellen im Detail Variationen dieser Dimension dar. Hier wirkt alles als seelischer Uterus im Zeichen des „Stirb und werde" und verhilft denen, die hergeführt wurden, zur Initiation und Wandlung im Sinne einer Neu-Geburt.

Die Hexe repräsentiert die Drachengestalt der Großen Mutter, die beide Geschwister symbolisch verschlingt und in sich real einverleiben will. Mit dieser Verkörperung des Walfisches müssen sich die Heldenkinder auseinandersetzen, um sich durch Bestehen dieser Prüfung weiterentwickeln zu können.

Zunächst scheint Hänsel der Heros zu sein, der sich im Wald durch seine trickreichen Einfälle durchzuschlagen versteht; er scheitert jedoch letztlich an der unerbittlichen Fressgier und damit der furchtbaren Seite des Großen Weiblichen, fristet dann nur kümmerlich sein Leben mit einer List und ist in seinem Gefängnis zur Passivität verurteilt. Dadurch muss nun notgedrungen Gretel die Initiative ergreifen, die im richtigen Augenblick den Kampf mit dem Hexendrachen der Magna Mater aufnimmt und auch schnell gewinnt.

Analog zu C. G. Jungs Interpretation der Geschichte von Jona, der im Walfischbauch „gewaltige Mysteria" sieht, finden die Kinder dann im Haus der Hexe Kasten mit Perlen und Edelsteinen. Diese Entdeckung verweist sinnbildlich auf den Schatz, den die Große Mutter oft im Verborgenen selbst erzeugt und in Gestalt von Ungeheuern, Dämonen und Gespenstern bewacht.

In seiner Höhle, d. h. tief im Inneren der Seele, hütet das Unbewusste die Quelle des Lebens und der Macht. Das mittelhochdeutsche Wort für einen „gesammelten und verwahrten Schatz“ heißt „hort“. C. G. Jung leitet es bis zu seinen altgriechischen, urkeltischen und indogermanischen Sprachwurzeln ab, die auch die Bedeutung von „Hütte“, „Höhlung“ und „weiblicher Scham“ annehmen können und damit den hier skizzierten Symbolzusammenhang umkreisen.

Nach Auffassung der Analytischen Psychologie ist im Heldenmythos der Zweck des Abstiegs, der Nachtmeerfahrt oder der Suchwanderung, dass in jenem Gefahrenbezirk der dunklen Tiefe die „schwer erreichbare Kostbarkeit“ in Form des Lebenswassers, des Steins der Weisen oder des erwähnten Schatzes verborgen liegt. Für diesen Hort gebraucht Jung den Terminus „Selbst“ und versteht darunter eine seelische Ganzheit und zugleich ein Zentrum, die das Ich wie ein größerer Kreis den kleineren einbegreifen.[74]

Der wahre innere Schatz ist spiritueller Natur, die sich besonders in Edelsteinen und Perlen als symbolischen Trägern immaterieller Werte und des „höchsten Gutes“ zeigt. Damit sind neben magischen Eigenschaften wie Wunscherfüllung, Unsichtbarkeit, Unverwundbarkeit und Verwandlungsfähigkeit auch die Offenbarung von Weisheit, die Überwindung von Raum und Zeit sowie Unsterblichkeit verbunden.

Edelsteine besaßen z. B. ursprünglich Zauber- und Heilkraft und wurden erst später zu reinen Schmuckmitteln, die sinnbildlich für irdische Liebe und vergänglichen Reichtum stehen. Wenn sie von Schlangen oder Drachen bewacht werden, symbolisieren sie aber auch verborgene Schätze des Wissens und der Wahrheit. Durch Schneiden und Behauen werden sie zur Reflexion göttlichen Lichtes.

Im Fernen Osten setzt man den Besitz des Juwels mit Erkenntnis gleich. Auch die Perle hat in Asien ähnliche Bedeutung. Im Buddhismus gilt sie als die geistige Wesenheit des Universums, im Taoismus als die „yin"-Kraft des Wassers und des Mondes. Ansonsten repräsentiert sie die Leben spendende Macht der Großen Mutter, Initiation, Fruchtbarkeit, Geburt und Wiedergeburt sowie das Allumfassende, das Licht und Dunkel, Vergangenes und Zukünftiges im innersten Raum der Seele birgt. In der Mystik ist sie Symbol für die Erleuchtung im Sinne einer Einheit zwischen dem Göttlichen und dem Menschlichen.

Bei den Griechen war sie Attribut von Aphrodite, die als dem Meer entstiegene „Herrin der Perlen" galt, und wurde insofern zum Sinnbild von Liebe, Heirat und Ehe. Nach einer Überlieferung aus dem Orient verdankt sie ihre Entstehung dem Blitz, der die Auster durchdrungen und geschwängert habe. So sei sie die Frucht der Vermählung von Feuer und Wasser. Andererseits bedeutet sie im deutschen Aberglauben jedoch auch Träne.

Daraus ergeben sich Bezüge zu Gretel in AaTh 327A. Ihr Name verweist schon auf Margarita, die „Perle des Meeres". Zwischen Tragen und Anzünden entsteht in der Märchenheldin der Impuls zum entscheidenden Handeln, indem ihre weibliche „Wasser"-Seite, ihr „yin", sich mit dem männlichen „Feuer"-Anteil, ihrem „yang", vereinigt und zu einer neuen selbstständigen Einheit verschmilzt. Außerdem wächst während ihrer Lehrzeit in der Küche des Knusperhäuschens am inneren Muschelrand ihrer Seele unter dem Stachel des Leides die Substanz ihrer Tränen zum feucht schimmernden Juwel heran.

So vermag das Symbol der Perle Gretels ureignes Wesen, d. h. ihr Selbst, auszudrücken, das im Schatz der Hexe sichtbaren Glanz und äußere Ausstrahlungskraft gewinnt. Durch Tod, Wandlung und Wiedergeburt erneuert sich das Alte durch das Junge und gibt seine positive Essenz an die „neue" Verkörperung weiter.[75]

Im Heldenmythos ist die Hebung des Schatzes meist mit der Befreiung einer gefangenen Jungfrau verknüpft. Unter männlicher Perspektive geht es dabei um das Herausholen der Anima, die oft noch Symbole des Selbst mit sich führt, aus der Sphäre des Unbewussten in die Welt des Bewusstseins.

Doch in AaTh 327A ist es genau umgekehrt. Hänsel befindet sich im Gefängnis seines Stalles, aus dem Gretel ihn befreit. Dies stellt einen weiteren Beleg für die These dar, dass die Schwester im Grunde die eigentliche Heldin des Märchens repräsentiert und der Bruder lediglich ihren Animus verkörpert, der sich zu gerne in den Vordergrund drängt und unintegriert sich zu verselbstständigen droht.

Aber er wird nun im Verlauf der Handlung nicht bedeutungs- oder funktionslos oder gar nichtssagend, sondern beleuchtet als männlicher Gegenpol um so heller das weitere Wirken der weiblichen Zentralfigur, deren Wesen immer deutlicher an die Oberfläche des Geschehens tritt.

Dies zeigt sich bald nach der Verbrennung der Hexe im Backofen. Gretel, die kurz vorher noch von der Kannibalin in Verkennung der Wirklichkeit „dumme Gans" genant wurde, öffnet nun den Stall, aus dem Hänsel herausspringt „wie ein Vogel aus dem Käfig, wenn ihm die Türe aufgemacht wird".

Diese beiden Bezeichnungen geben ein Vorspiel für das letzte Erscheinen des Tieres ab, das schon zweimal auf entscheidende Weise in die Handlung des Märchens eingegriffen hat, und zeigen aber schon vorab seine Bedeutung für das Schicksal der Geschwister. Gubitz und Bechstein stellen in ihren Fassungen diesen Zusammenhang gegen Ende noch einmal viel offensichtlicher als die Brüder Grimm her.

In der Version des Erstgenannten ist plötzlich zu diesem späten Zeitpunkt des Geschehens „das weiße Vögelein wieder da" und fährt auf die Hexe los, sodass „diese ins Feuer fällt und verbrennt". Außerdem gibt es bei Gubitz den Kindern die Empfehlung, aus dem Brothäuschen „je ein Säcklein Gold und Edelsteine" mitzunehmen, und fliegt ihnen voraus, damit sie „bald daheim bei ihren Eltern" sind.

Bechstein lässt in seiner Variante den „schneeweißen" Vogel Gretel warnen, die nun „die Alte durchschaut" und darauf „in den Ofen schiebt". Überdies bringt hier in einer weitergehenden Steigerung der kleine Wohltäter zusammen mit seinen Artgenossen aus dem Wald den Geschwistern „aus Dankbarkeit für die ausgestreuten Brosamen Perlen und Edelsteine" und „zeigt ihnen den Weg" zum Elternhaus.

Hier erscheinen die Vögel eindeutig als positive Attribute und Boten der Großen Mutter, die im Zeichen des „Stirb und werde" die Kinder zuerst zur Hexe führen, damit sie von ihr symbolisch verschlungen und zu ihrem Erwachsenendasein initiiert werden, ihnen aber am Wendepunkt ihres Schicksals auf entscheidende Weise helfen und ihre glückliche Rückkehr ins normale Leben mit den Schätzen der Kannibalin vorbereiten.[76]

In den von Frobenius bearbeiteten Walfischdrachenmythen wird der Sonnenheld von einem Meeresungeheuer verschluckt, gelangt in dessen Bauch, tötet das Monstrum durch Feuer, Speer oder Messer und kommt mittels „Vogelhilfe" wieder ans Tageslicht.

Eine Geschichte aus Ozeanien berichtet z. B. von einem Häuptling namens Rata, der einen Kampf zwischen einer Seeschlange und einem weißen Reiher beobachtet. Als das letztere Tier zu unterliegen droht, zerhaut er das Reptil, worauf ihn der Vogel als Dank für die Rettung beim Bau seines Bootes wirkungsvoll unterstützt.

Auf eine deutlichere Weise behandelt die schon erwähnte Menschenfressersage der Zulu dieses Motiv. Hier ist die eigene Mutter der beiden Geschwister die Kannibalin, die nicht nur ihre Kinder, sondern auch alle anwesenden Dorfbewohner und Haustiere verschlingt. Zu ihrem Gegenspieler wird ein großer, schöner Vogel, der sie durch seinen Gesang bezaubert und dadurch passiv und hilflos macht. Er kann sie schließlich ohne Gegenwehr töten und lässt alle Lebewesen, die sie vorher gefressen hat, aus ihrem Leib wieder heraustreten. Die Wiederbelebten machen nun Bruder und Schwester zu Landesführern, die später auch auf der Häuptlingsebene sich verheiraten.

Für Frobenius repräsentiert der Vogel in vielen Mythen die Sonne oder den Sonnenhelden, der an die Stelle des Tieres tritt. Diese Auffassung teilt auch Werner Daum, was die von ihm herausgegebenen Märchen aus dem Jemen betrifft, verändert aber dabei die Geschlechtsvorzeichen.

In der schon erwähnten Erzählung „Die Dunkelheit“ verkörpert ein gewaltiger weißer Vogel die Sonne und die junge weibliche Heldin deren Tochter, die im antiken Südarabien als Göttin Schams verehrt wurde. Hier wacht das fliegende Tier als verstorbene Mutter eine Zeitlang schützend über ihre ausgesetzten Kinder.

Parallel dazu hilft im Märchen „Der Garguf“ ein weißes Geierweibchen einem gefährdeten jungen Geschwisterpaar, sorgt für die Wiederbelebung des getöteten Bruders im Zeichen des „Stirb und werde“ und warnt die Schwester vor ihrem kannibalischen Ehemann.

„Die Dunkelheit" lässt die Flucht der Kinder in einem Wadi enden, wie die wasserlosen Flusstäler in den Wüstengebieten Nordafrikas und Westasiens genannt werden. Ein Hirte unterstützt dabei die Kinder im Kampf gegen die Dämonin Ad Dugra, verbrennt die verfolgende Menschenfresserin und heiratet schließlich das Mädchen. Er repräsentiert in der südarabischen Märchenreligion den Lichthelden Athtar, der sich am Ende mit der Sonnengöttin Schams vermählt. Die „heilige Hochzeit" der beiden und die Tötung des bösen Geistes bewirken die Bewässerung und Befruchtung des ausgetrockneten Wadis ein ganzes Jahr lang.[77]

Für Werner Daum haben die Herausgeber der deutschen Fassungen von AaTh 327A diese ganzen Motive aus dem ursprünglichen Handlungsablauf des jemenitischen Märchenmythos in veränderter Form übernommen und „gewiss nur" aus unreflektierter Überlieferungstreue in ihre Versionen eingefügt.

Gubitz, Bechstein, Stöber und die Brüder Grimm lassen jedenfalls Hänsel und Gretel nach dem Verbrennen der Hexe durch den Wald laufen und an ein großes Wasser gelangen. Dieses kann stehend als See, Teich oder Weiher, aber auch fließend als Strom oder Fluss verstanden werden. Erstere Deutung erscheint plausibler, weil die Geschwister nach der Aussetzung beim Herumirren im Wald diesem Phänomen nicht begegnet sind, nun aber für die Rückkehr ins Elternhaus einfach einen anderen Weg als vorher wählen.

Seen und Teiche gelten im Volksglauben oft als geheimnisvoll, unergründlich, tückisch und gefährlich. Sie können vom Teufel geschaffene Aufenthaltsorte für Hexen sein, welche in die Nähe kommende Kinder rauben und lebendig auffressen. Ihre spiegelnde Oberfläche suggeriert immer eine jenseitige

Welt auf ihrer anderen Seite. In der Vorstellung vieler Völker repräsentiert ein Teich das Totenland, das auf seinem Grund liegt. Nach anderer Auffassung ist dieses Reich von einem breiten und tiefen Wasser umgeben und nur nach Übersetzung durch einen dämonischen Fährmann erreichbar. Bei den alten Griechen etwa überquerte Charon mit den Verstorbenen die Unterweltsgewässer und führte sie ins Jenseits.

Tiefenpsychologisch symbolisiert ein Teich oder See das Unbewusste, das wiederum als Aufbewahrungsort alles Vergangenen der Kollektivpsyche sinnbildlich für die mythische Totenwelt stehen kann. Sein mütterliches Wasser ist enthaltend, nährend und wandelnd und verkörpert den Urschoß des Lebens, aus dem in unzähligen Mythen das Neue geboren wird.[78]

Hänsel und Gretel kommen also aus dem Reich des Jenseits, in dem sie für ihre seelische Reifung initiiert wurden, stehen an seiner Grenze und brauchen nun einen „Fährmann“, der sie in die Welt des Diesseits übersetzt. Bei Gubitz und Bechstein erscheint ein Schwan, der die Kinder ans andere Ufer trägt.

Im indischen Hinduismus ist dieser anmutige Wasservogel das Tier des Allschöpfers Brahma und verkörpert dessen Atem. Dabei symbolisiert er den metaphysisch-transzendenten Aspekt der Seele, das ungreifbar Ungebundene und das die Welt durchwaltende, aber doch nicht in sie eingehende Göttliche. Außerdem ist er ein Sinnbild für die Anima, wie dies z. B. die Schwanjungfrauen und Walküren der germanischen Mythologie darstellen.

Hier vermittelt der Wasservogel die Fahrt von einer Sphäre in die andere als Seelengeleittier zwischen zwei Dimensionen des Daseins und verbindet so Himmel und Erde, Innen- und Außenwelt. Als Symbol der Entrückung repräsentiert er in den altnordischen Sagen gewissermaßen die Sehnsucht nach Lebenserneuerung und Wiedergeburt. Bei den Kelten hat die Musik der solaren, wohltätigen und gütigen Schwanengottheiten Zauberkraft.

In der griechischen Antike ist das Tier eine Erscheinungsform von Zeus, in der er Leda beiwohnt, und ein Begleiter von Apollon, wenn er prophezeit. Sein Todesgesang stellt das Orakel dieses Lichtgottes, das Lied des Dichters und das christliche Sinnbild von Märtyrertum und Entsagung dar.

Die weiße Farbe seines Gefieders verkörpert Aufrichtigkeit, Reinheit und Gnade und steht symbolisch für die Jungfrau Maria. Trotz seiner zutiefst ambivalenten Bedeutung ist der Schwan doch letztlich vor allem ein Vogel des Lebens, der Sonne und ihrer Welt befruchtenden Schöpferkraft sowie der endgültigen Überwindung des Todes.[79]

Stöber und die Brüder Grimm lassen in ihren Märchenfassungen gegen Ende eine weiße Ente auftauchen, um Hänsel und Gretel über das große Wasser zu bringen. Die Symbolik dieses etwas kleineren Schwimmvogels setzt einige andere Schwerpunkte als beim Schwan.

Negativ gesehen ist die Ente ein Hexentier, erscheint damit als Bote der Kannibalin und steht dabei in Zusammenhang mit dem schneeweißen Vöglein, dessen Farbe sie ja trägt, und damit auch im Zeichen des „Stirb und werde". Sie kann von ihrer Ambivalenz her auch Oberflächlichkeit, Geschwätzigkeit und Listigkeit bedeuten.

Bei den Etruskern gehört sie dem Jenseits an. In Märchen nehmen die Seelen Verstorbener die Gestalt dieses Vogels an. Als Vermittlerin zwischen Himmel und Wasser hat die Ente so auch einen Bezug zur Dimension der Unsterblichkeit und vermag als Seelenbegleittier zu dienen. Als Attribut der Frau Holle und der Isis ist sie in besonderem Maß ein Bild der Großen Muttergottheit.

In osteuropäischen Märchen und Mythen stehen Hexenhäuser und Burgen manchmal auf Entenfüßen, die auf dieses mütterliche Element mit der entsprechenden Erdverbundenheit hinweisen. Auch Zwergelben können in dieser Erscheinungsform auftreten. Bei den Ostasiaten bedeutet ein Entenpaar Glück und Treue in der Ehe, die Vereinigung der Liebenden sowie gegenseitige Fürsorge und Rücksichtnahme. Der Ritt eines Jünglings und einer Jungfrau auf zwei solchen Tieren stellt in der etruskischen Kunst ein Wandlungssymbol dar.

Schwan, Ente, Gans und Taube sind in Griechenland der Aphrodite besonders heilig, die als Fruchtbarkeitsgöttin den Ursprung des Wassers und der Vegetation sowie überhaupt all dessen bildet, was die Erde hervorbringt. Die rituelle Funktion und der symbolische Charakter dieser vier Glücksvögel dürften wohl austauschbar sein. In der weißen Farbe ihres Federkleids liegt eine Andeutung von Würde, Reinheit und Festfreude.

Die Liebesgöttin reitet fliegend auf diesen Tieren durch die Lüfte und nimmt bisweilen sogar selbst ihre Gestalt an. Oder sie lässt sich von ihnen ihren Wagen ziehen, mit dem sie durch den Äther eilt. Außerdem prophezeien alle vier Vögel, erscheinen sanft und aggressiv zugleich, gelten aber trotz ihrer Doppelbödigkeit allgemein als Glück bringende Vorzeichen.

Auf einer Gans reiten neben Aphrodite auch Devi, die große Muttergottheit der Inder, und Epona, die keltische Pferdegöttin. Ein Schwan ist Freyja, der germanischen Verkörperung des ambivalenten weiblichen Eros, in ihrer Eigenschaft als Totengöttin beigegeben und verweist damit auf Tod und Verwandlung als dunkle und unabsehbare Seite der Liebe.[80]

Bei der Ente in den Fassungen von Stöber und Grimm

könnte man vielleicht noch an den „Geist Gottes“ der biblischen Schöpfungsgeschichte denken, der „auf dem Wasser“ schwebte. Dieses Wort heißt ursprünglich „die Ruah“, ist im Hebräischen weiblich und gehört damit zum Bedeutungsfeld der Magna Mater.

Danach wäre der kleine Schwimmvogel nicht nur eine Botin und Übersetzerin im Sinne einer „lebendigen Brücke“, sondern geradezu eine positive Verkörperung der Großen Mutter und Gretel von Anfang bis Ende deren Schülerin, die bei ihr in eine harte Lehre gegangen ist und nach einer furchtbaren Initiation auf Leben und Tod nun zeigen darf, was sie bei ihrer Hexenmeisterin gelernt hat. Denn so hat sie auf ihrem Weg durch die „Walfischdrachen“-Dimension nicht nur List und Tatkraft, sondern auch Initiation und Sensibilität entwickelt.

Dies zeigt sich, als die Geschwister am großen Wasser stehen. Hänsel sieht sich in seinem auf das Vordergründige gerichteten Aktionsdrang „keinen Steg und keine Brücke“. Gretel handelt aber jetzt aus der Weisheit des Großen Weiblichen heraus, weiß das Nötige zu tun, die Not zu wenden, erkennt die weiße Ente und ruft sie herbei. Dabei erwähnt sie sich mit Recht zuerst und dann ihren Bruder.

Nun ist endgültig jede vernünftige, situationsgemäße Initiative auf sie übergegangen. Hänsel setzt sich voller Ungeduld auf den Rücken des kleinen Tieres und will darauf zusammen mit seiner Schwester das große Wasser überqueren. Doch Gretel hält inne, hinterfragt sein Verhalten auf seine Tragweite und nimmt bei ihrer Entscheidung im Gegensatz zu ihrem Bruder auf die begrenzten Fähigkeiten des Schwimmvogels Rücksicht.

Der Schwan stellt bei Gubitz und Bechstein die männliche Entsprechung zur weiblichen Ente der Versionen von Stöber und Grimm dar und verkörpert so den maskulinen Begleiter des schneeweißen Vögleins, das hier am Ende die Große Mutter repräsentiert.

Dieser Partner der Magna Mater in Tiergestalt erfüllt die gleiche Funktion wie auf der menschlichen Ebene Hänsel, der als Animus das weibliche Ich der Heldin kontrastreich ergänzt. Gerade seine stürmische Unbeholfenheit steht im krassen Gegensatz zu ihrer gereiften Wesensart und zeigt ihre Überlegenheit. Denn das Mädchen bestimmt durch eine souveräne Regieanweisung, dass die Ente beide Kinder einzeln und nicht gemeinsam übersetzt.

Auf dem Weg in den Wald gingen die Geschwister stets zusammen und trennten sich nur, wenn die Not es erforderte. Nun müssen sie ihre Symbiose aufgeben, um ihr wahres Selbst zu entwickeln. Die Überquerung des großen Wassers symbolisiert so einen Übergang und einen Neubeginn des Lebens auf einer höheren Existenzebene und kennzeichnet Gretels Initiationsweg als geistigen Reifungsvollzug, der gerade in ihrer weisen Entscheidung bezüglich der begrenzten Tragfähigkeit des Entchens sichtbaren Ausdruck gewinnt.[81]

Nun gelangen die Geschwister nach ihrer Einweihung wieder bald in die Welt ihres realen Alltags, die durch ihr Elternhaus verkörpert wird. Sie treffen dort jedoch nur ihren Vater an, der seit der Aussetzung seiner Kinder sehr depressiv geworden ist. Seine „Frau aber war gestorben".

In den meisten anderen Märchen wird die Stiefmutter entweder nicht mehr erwähnt oder schwer bestraft. Hier erscheint sie nur noch einmal in diesem einen Satz als Tote. Sie stirbt möglicherweise zur gleichen Zeit wie die Hexe oder nur kurz nach deren Verbrennung.

Dies beruht auf dem altgermanischen Glauben an die Zwiespältigkeit des Menschen d. h. an die „fylgja", das sog. Folgewesen, das im Körper wohnt, ihn durch visionäre Ahnungen und Prophezeiungen berät, aber auch ihn in Trance- und Traumzuständen verlassen kann. Wenn nun etwa nach dieser Vorstellung der Hexengeist – in welcher Form auch immer – vernichtet wird, so geschieht dies zugleich auch mit seinem andernorts befindlichen Körper.

Dieser Sonderfall des Phänomens, das C. G. Jung Synchronizität genannt hat, dürfte jedenfalls auf die geheime Identität der beiden negativen Frauengestalten des Märchens hinweisen. Nach Auffassung des deutschen Aberglaubens gelten männliche und weibliche Zauberer als große Sünder, die unter großen Schmerzen und auch nur dann sterben, wenn sie zuvor ihre Kunst einer anderen Person übergeben haben.

In AaTh 327A findet dieser Zusammenhang einen symbolischen Ausdruck, indem Gretel nach dem Verbrennungsakt zusammen mit Hänsel im Knusperhäuschen die Schätze der Kannibalin findet. Der physische Tod wird von Erich Neumann den Mysterien der „alten Hexe" in ihrer fressend-einfangenden Funktion zugeordnet, die das Leben und das Individuum wieder in sich zurückholt. Dagegen gehören für Neumann narkotisierende Gifte und berauschende Getränke zum Bezirk der Verführung und Verlockung durch die „junge Hexe" und können bis zum geistig-seelischen Tod führen.

Die böse Stiefmutter und ihre dämonische Entsprechung im Märchen dürfen als lebensfeindliches Prinzip verstanden werden, das die Kinder dem eigenen Wohlergehen opfern will. Nach dieser Deutung verkörpern beide Gestalten den negativen Aspekt der Zeit, die alle Geschöpfe der Natur verschlingt, aber selbst ständig altert, bis sie kümmerlich und erfahrungsschwer wird, um sich dann im Zeichen des „Stirb und werde" zu erneuern.[82]

Der Tod der zwei Frauen kann auch so gesehen werden, dass der verstrickende Aspekt des Archetyps der Magna Mater an Wirkung verliert, wenn die unempathische Mutter nicht mehr da ist. Ohne Trauer oder sonst eine Gefühlsregung verhüllt sich hier das dunkle Weibliche und kehrt an seinen Anfang zurück. Es hat seine Schuldigkeit getan, nachdem die verstoßenen Geschwister auf den „Königsweg" ihrer Reifung gebracht worden sind.

Stiefmutter und Hexe stehen als Personifikationen der ablösenden und fortreißenden Kräfte des Werdens an den Wendepunkten der Entwicklung von Hänsel und Gretel. Sie sind berufen, Haltefäden schmerzhaft zu durchtrennen, und versehen damit einen Dienst, den die Schicksalsgöttin für den Menschen zum letzten Mal tut, wenn sie den Lebensfaden durchschneidet.

Der Tod bildet nach dieser Interpretation einen integralen Bestandteil der Existenz, in die er auf positive Weise eingebettet ist. C. G. Jung stellt ihn in den größeren Zusammenhang seines auf Ganzheit ausgerichteten Welt- und Menschenbildes, das psychische Energie nicht als gut oder böse, sondern als sinnvoll und zielstrebig darstellt.

Hier gehören Leben und Tod als polare Gegensätze in einer als paradox verstandenen Einheit zusammen. Die menschliche Existenz ist in ihrem ersten Teil von Aufstieg, Entfaltung und Vitalität geprägt. Der Übergang zur zweiten Lebenshälfte wird zur Geburtsstunde des Todes, in der sich die bisher bestimmenden Werte unbewusst umkehren und die Libido langsam mehr oder weniger deutlich auf das Ende als das ihr gemäße Ziel des Lebens zustrebt.

Als archetypische Vorstellung besitzt der Tod nach Jung nicht nur den Charakter der Zersetzung, des Leidens, der Vergänglichkeit und der Destruktion, sondern auch die Möglichkeit der Wandlung, des Neubeginns und der Wiedergeburt. Gemäß dieser Auffassung trägt das Leben den Todeskeim in sich, wie auch umgekehrt der Tod den Lebenskeim enthält. Beides befindet sich im ständigen Wechsel, der durch den Rhythmus des „yin"-„yang"-Prinzips bestimmt wird.

Diese synthetisch-symbolische Sichtweise ist auf Transzendenz bezogen und lässt den Tod als freudiges Geschehen erscheinen, das Jung ins Bild der mystischen Hochzeit von Seele und Gott fasst.[83]

In den Walfischdrachenmythen wird das Ungeheuer, das den Helden verschlingt, oft auch als Personifikation des Todes verstanden. Aber hier kommt der Heros wieder aus dem Inneren des Monstrums hervor und führt dabei auch seine Eltern, Stammesgenossen oder Ahnen, die sich ebenfalls im dunklen Tierbauch als Scheintote befinden, wieder ans Licht der Sonne zurück. Indem er diesen Konflikt zu Ende gekämpft hat, gelangt er zu höherer Bewusstheit und wirkt als Befreier, der durch seine Tat neues Leben schafft.

Das Überwachsen unbewusst-naturhafter Bindungen an den „Drachen" der Großen Mutter und das Heraustreten aus der Verschlingung und Verstrickung durch ihren furchtbaren Aspekt lässt erst das Gefühl der eigenen individuellen Existenz und Sterblichkeit entstehen. Der Mensch wird seiner Wirklichkeit als selbstständiges Wesen nur bei seiner Loslösung von der Magna Mater und bei der geistigen Durchtrennung ihrer Nabelschnur inne. Dabei scheint es, als sei der Tod in der Großen Mutter verborgen und aus ihrer Hand zu empfangen. In den slawischen und romanischen Sprachen ist er ein Femininum und wird als Frau dargestellt, die man ins Deutsche mit „Tödin" übersetzen müsste.

Dies entspräche in der Analytischen Psychologie den weiblichen Archetypen der Magna Mater und der Anima, die das männliche Ich einerseits in gefährliche Situationen verwickeln und es andererseits gerade dadurch zum Wandlungstod und zur Erreichung höchster Ziele antreiben. Auch in Märchen und Mythen wirken sich die Intrigen der furchtbaren Mutter oder bösen Schwester zum Heil aus, indem sie den Helden motivieren, den Weg der inneren Entwicklung zu beschreiten.

Nach C. G. Jung kann der Tod auch als Eintreten in den Uterus der Göttin Natur zum Zweck der spirituellen Wiedergeburt aufgefasst werden. Bei der Initiation muss man zuerst die Finsternis erfahren, bevor sich die Ent-bindung des neuen Menschen als Auferstehung und Reintegration vollzieht.

In AaTh 327A hört durch den Tod der beiden negativen Frauengestalten mit einem Schlage der „behexte" Zustand auf, in dem sich die Märchenfiguren bis dahin befanden, wodurch das Unbewusste wieder im Dienste des Lebens und dessen Entfaltung wirken kann.

Die furchtbare Mutter hat sich von einer verstoßenden über eine verschlingende hin zu einer positiven Existenzform gewandelt, die im Symbol der Ente zu ihrer Mitte gefunden hat und die da ist, wenn sie gebraucht wird, aber dann die Kinder entlässt, damit diese ihren eigenen Weg gehen können.[84]

Jetzt schlägt die Stunde der inneren Befreiung und Erlösung, die nun sichtbaren Ausdruck gewinnen dürfen. Gretel schüttet ihr „Schürzchen aus" und lässt „die Perlen und Edelsteine in der Stube" herumspringen. Selbstbewusst zeigt sie ihre Schätze, die ihr ureigenes weibliches Wesen und damit ihr Selbst verkörpern. So steht sie am Ende eindeutig im Mittelpunkt des Geschehens und der Aufmerksamkeit ihrer beiden männlichen Familienangehörigen.

Die Heldin ist innen wie außen von Gretel zu Margarete, vom Mädchen zur jungen Frau geworden. Sie hat die negativen Seiten der Magna Mater, die in Stiefmutter und Hexe repräsentiert waren, nach deren Tod voll in sich integriert und in den positiven Geist der Liebe verwandelt, aus dem sie schöpft und schenkt. In ihr kehrt zum Elternhaus nicht nur das verjüngte Inbild der wahren Mutter, sondern auch das erneuerte Urbild weiblicher Weisheit zurück, das einst in der Gestalt von Sophia als Gottheit verehrt worden war und nun aus den Tiefen des Unbewussten ans Licht des Bewusstseins tritt.

Die „Gretel-Frau“ oder „Perlen-Margarete“ verströmt die Essenz ihres Herzens und gibt sich aus der Fülle ihrer Gaben hin. Symbol dieser Grundhaltung ist ihre Schürze, die im übertragenen Sinn Schutz, Jungfräulichkeit, Fruchtbarkeit und Sexualität bedeuten und für das weibliche Genitale stehen kann. Seit dem 18. Jahrhundert wird das Wort auch oft synonym für den Ausdruck „Frauenzimmer“ gebraucht, der das gesellschaftliche Spektrum des Weiblichen von der vornehmen Dame bis zum gewöhnlichen Flittchen umfasst.

Im Märchen verdichtet sich diese quantitative Bedeutungsvielfalt zur qualitativen Sinnbildlichkeit, die auf das gereifte Wesen der jungen Frau hinweist. Margarete gibt durch ihre Herzenswärme der heizbaren Wohnstube die entsprechende Atmosphäre und macht aus dieser Örtlichkeit durch die Leuchtkraft ihrer Schätze einen kultischen Andachtsraum, in dem das Selbst als göttlicher Funke aufblitzen und sichtbar werden darf. Äußere wie innere Armut haben in diesem Elternhaus nun ein Ende.[85]

Hänsel unterstützt tatkräftig das segensreiche Werk der Märchenheldin, indem er zu den Perlen und Edelsteinen aus Margaretes Schürze „eine Handvoll nach der andern aus seiner Tasche“ dazuwirft. Er ergreift nun nicht mehr vorwitzig die Initiative, die bisher selten zu einem positiven Ergebnis führte, sondern steht jetzt als integrierter Animus ganz im Dienst des weiblichen Ich, dessen Weg er am Ende hilfreich begleitet, ohne sich erneut wieder selbst profilieren zu müssen.

Auch er ist nun zum Johannes geworden wie Gretel zur Margarete. Wie jener als Täufer oder Evangelist sein Leben und Wirken auf Jesus Christus ausrichtete und ihm ganz weihte, so bezieht sich Hänsel schließlich völlig auf das weibliche Selbst und dessen Eros-Prinzip. Treue zu sich und zum Träger des eigenen Ideals ist der Vergleichspunkt zwischen der biblischen Gestalt in zwei Ausprägungen und der männlichen Hauptfigur des Märchens.

Das Symbol für Hänsels Wesensfunktion stellt die Rocktasche dar, die im deutschen Volksglauben zum Aufbewahren von Schutz-, Heil- und Zaubermitteln dient und durch Umkehren oder Herausziehen zu allen möglichen magischen Praktiken verwendet werden kann. Hier geht es um die geheimnisvolle Kraft des weiblichen Selbst in Verbindung mit dem Animus, Mangel in Fülle und Sorge in Freude zu verwandeln.

Dies betrifft nun vor allem den Vater, dessen Depression durch Margaretes Einwirkung in Lebensmut und Daseinsgenuss umschlägt. Nach einer objektstufigen Interpretation wäre er jetzt von den bösen Einflüsterungen des „Hexengeistes“ seiner Frau oder negativen Anima befreit und könnte von der Dominanz des verschlingenden Aspekts der Magna Mater durch die Hingabe und Liebe seiner er-wachsenen Tochter-Frau geheilt werden.

Die Blockade von Willensentscheidung, Aktivität und Autonomiestreben, die sein Leben bisher verdunkelt und sich bisher sicherlich auch negativ auf Gretels Charakter ausgewirkt hat, darf sich nun im Licht des Selbst auflösen, damit die seelische Energie wieder ungehindert fließen kann. Ob jetzt die Vaterproblematik bearbeitet werden muss oder ob das Märchen unmoralisch endet, weil der Diener des Großen Weiblichen und dessen furchtbarer Seite für seine schwächliche Haltung gewissermaßen belohnt wird, bleibt dahingestellt. Jedenfalls können der Mann und seine Tochter sich am Schluss als freie Menschen er-leichtert und er-löst gegenüberstehen.[86]

Nach C. G. Jung ist im Märchen der Vater des Helden oder der Heldin oft der traditionelle Holzhauer, in dessen Gestalt der Archetyp des alten Weisen erscheine. Dieser sei eine Personifikation des Sinnes und des Geistes, auch in dessen zeugerischer Bedeutung. Damit ist auch die Möglichkeit einer subjektstufigen Deutung des Märchenendes gegeben.

Innerseelisch steht etwa die Anima stets in einem Tochterverhältnis zum alten Weisen. Gelegentlich bildet der Held nach Jung eine Wesenseinheit mit dem Vater und stellt dann dabei das unbewusste Selbst des Menschen dar, das sich als Summe und Inbegriff aller Archetypen erweist und also auch das männliche Urbild des Geistes einschließt.

Eigentlich müsste in diesem Fall die gleiche Definition auch auf die Heldin zutreffen. Im Unbewussten der Frau existiert meist auch eine Vielzahl von Animusfiguren, die in Träumen und Phantasien auch als Kollektiv erscheint. Dazu könnte auch der alte Weise gehören, der dann als Vaterstufe des männlichen Seelenbildes der weiblichen Psyche anzusehen wäre. Insofern dürfte man den depressiven Witwer am Ende des Märchens als patriarchalen Animus von Margarete deuten, der durch die Energie des Selbst der Heldin die Möglichkeit hätte, sich zum alten Weisen zu wandeln.

In diesem Fall würde er nicht nur Wissen, Erkenntnis, Überlegung und Klugheit, sondern auch Intuition, Wohlwollen und Hilfsbereitschaft verkörpern. Dann könnte er dem weiblichen Ich durch die Kombination dieser Eigenschaften geistig und moralisch mit Rat und Tat zur Seite stehen und es als Psychopompos der Weisheit begleiten, indem er die chaotischen Dunkelheiten des bloßen Lebens mit dem Lichte des Sinnes durchdringen könnte. Dies wäre die Lösung der Vaterproblematik auf der inneren Ebene.

Das Märchen endet aber vorher mit der Epiphanie des weiblichen Selbst, die in allen drei Gestalten eine Art „Erleuchtung" mit dem Ziel bewirkt, das bisherige und künftige Leben mit neuen Augen zu sehen.[87]

Wie bereits schon erwähnt, hat C. G. Jung das Märchen „Hänsel und Gretel" in Verbindung mit dem sog. Jona-Walfisch-Komplex gebracht, der einen Sonderfall des archetypischen Drachenkampf-Motives innerhalb des Heldenmythos darstellt.

Im zuletzt genannten Zusammenhang taucht auch das Gleichnis vom Sonnenlauf auf. Der Untergang des Gestirnes wird in manchen frühen Kulturen als ein Heldenkampf der Sonne und des Tages gegen die verschlingende Dunkelheit des Nacht-Drachen erlebt, und die Wiederkehr des Himmelskörpers am Morgen ist Ausdruck des Sieges über das Ungeheuer der Finsternis.

Nach Jungs Auffassung wird zu Beginn eines jeden Tages ein Gott-Heros aus dem Meer geboren und besteigt den Sonnenwagen. Im Westen erwartet ihn die Große Mutter, die ihn am Abend verschlingt. Er durchwandert in einem Drachenbauch den Grund des Mitternachtsmeeres und wird nach furchtbarem Kampf mit der Nachtschlange am Morgen wiedergeboren.

In diesem Gleichnis fasst Jung die Reise des Menschen durch das Leben zusammen. Das Heldendrama ist kein einmaliger Vorgang, sondern ein symbolisches Vorbild für Abläufe, die sich in den verschiedensten Phasen der Existenz und auf den verschiedensten Ebenen ständig wiederholen.

Als „Heros“ der Individuation befindet sich der Mensch auf einer dauernden Suche und Wanderschaft, auf der es kein endgültiges Ziel gibt. Deshalb sind Reise und Weg uralte Symbole für den Prozess der Selbstwerdung. Das Wandern ist in diesem Sinn ein Bild der Sehnsucht, des nie rastenden Verlangens, das nirgends ein Objekt findet, und des Suchens nach der verlorenen Mutter, die wiederum eine Metapher für das kollektive Unbewusste darstellt.

Jung gliedert am Beispiel des Sonnenlaufes die menschliche Entwicklung in vier große Phasen: a) Kindheit/Jugend (Morgen), b) frühes Erwachsenenalter (Vormittag), c) mittleres Alter (Nachmittag), d) späte Reife (Abend).

Die ersten beiden Abschnitte dienen vor allem dem Naturzweck, wozu Kindererziehung, Gelderwerb und soziale Stellung gehören; die beiden letzten Phasen sind auf den Kulturzweck ausgerichtet, der ebenso sinnreich wie der Vormittag des Lebens ist, nur ganz andere Absichten verfolgt.

Das Dasein des Menschen entfaltet sich nach Jung nicht auf einer eindeutig aufsteigenden Linie, sondern neigt sich, wie die Sonne nach dem Kulminationspunkt um zwölf Uhr mittags zu sinken beginnt. Der Kulturzweck kann in der zweiten Lebenshälfte in den Blick kommen, wenn eine Wende der Existenz erreicht ist, die nun den bisher ungelebten Teilen der Persönlichkeit das Aufsteigen ins Bewusstsein und in die Verwirklichung ermöglicht.[88]

Es geht für Jung in den letzten Phasen des menschlichen

Daseins darum, die Kultur der Seele wieder zu entdecken, die vor allem in den archetypischen Bildern und Symbolen zu finden ist. Das Ziel müsste sein, zu diesen zurückzukehren und mit ihnen übereinzustimmen. Nach Jungs Auffassung sollte die zweite Lebenshälfte einer bewussten und vertieften Individuation dienen, zu der auch eine Kontaktaufnahme zum Archetyp des oder der alten Weisen in der eigenen Seele gehört.

Die männliche Ausprägung dieses Urbilds wird am Ende des Märchens durch die mögliche Wandlung des Vaters angedeutet. Zwar erscheint die weibliche Gestaltung in AaTh 327A nur negativ in den Gestalten der Stiefmutter und der Hexe. Aber das Ergebnis in Form von Margaretes Entwicklung bis hin zur Ausbreitung ihrer Schätze ist eindeutig positiv, sodass man hier von einem grundlegend konstruktiven Geist der Magna Mater ausgehen kann, der im Märchen die Schicksalsfäden spinnt.

Das gültige Vorbild der alten Weisen dürfte vielleicht „des Teufels Großmutter“ oder die „Ellermutter“ in den schon im „Hexen“-Kapitel erwähnten beiden Volkserzählungen der Brüder Grimm abgeben. Diese hilft den Helden der Geschichten auf positive Weise genauso, wie Stiefmutter und Hexe in negativer Ausprägung Gretel auf ihrem Weg unterstützen.

Das Märchen wagt den Abstieg ins kollektive Unbewusste und übernimmt dort den Kampf mit dem Chaosdrachen der Finsternis. Damit erscheint Margaretes Initiation auch als Bild für das allgemeine Heldendrama des Menschen, das C. G. Jung in das Gleichnis vom Sonnenlauf fasst. Der Gang des weiblichen Ich und seines Animus ins Hexenhaus wird so insgesamt zum Symbol für jeden Reifungsprozess schlechthin.

Dabei muss sich der Mensch sich immer wieder mit den festhaltenden und verschlingenden Aspekten seiner Seele auseinandersetzen, bevor er in das Mysterium der inneren Wandlung seines Wesens eingeweiht werden kann. Diese Selbstwerdung ist niemals ohne Schwierigkeiten, Konflikte und Leiderfahrungen möglich.

So gesehen könnte die Hexe eine unerlässliche, letztlich auch hilfreiche Unterweiserin des Menschen auf seinem Initiationsweg sein. Wir müssten allerdings lernen, die innere Begegnung mit ihr positiv aus der Tiefe unseres Wesens zu verstehen und so ihre Gestalt aus der negativen projektiven Dämonisierung zu erlösen, die ihren traurigen Höhepunkt in den Prozessen, Folterungen und Hinrichtungen zu Beginn der Neuzeit gefunden hat.[89]

Anmerkungen

1. Zitiert nach: Rötzer, S. 180-85
2. Duden, Etymologie, S. 262f, 283 u. 824. - Bächtold-Sträubli, Bd. 3, S. 1834f. u. 1838 + Bd. 9, S. 994f. - Grimm, Bd. 2, S. 868f. - Lecouteux, Hagazussa, S. 62-66. - Dingeldein, S. 51f. - Jacoby, S. 198f. - Biedermann, Dämonen, S. 103
3. Früh, S. 7-10 - Gimbutas, S. 210 u. 319. - Amstadt, S. 80f, 124 u. 154. - Götzinger, S. 215f u. 407. - Lecouteux, Nicchus, S. 280 u.284. - Dingeldein, S. 52f. - Müller, S. 168f. - Duerr, S. 62f
4. Leibbrand, S. 91-97. - Bog, S. 48-52. - Hunger, S. 64-66 u. 106f. - Gimbutas, S. 109-11.- Göttner-Abendroth, S. 24-26. - Ranke / Bedrich, Enzyklopädie, Bd. 6, S. 960f. - Duerr, S. 25-27. - von Ranke-Graves, S. 47 u. 73f. - Walker, S. 61f u. 165f. - Amstadt, S. 135
5. Bog, S. 24-29. - Leibbrand, S. 98-100. - von Ranke-Graves, S. 107-10. - Gimbutas, S. 197 u. 208f. - Johnson, S. 172-75. - Jung, GW, Bd. 5, S. 470-73. - Biedermann, Dämonen, S. 101f. - Hunger, S. 150f. - Ranke / Bedrich, Enzyklopädie, Bd. 6, S. 960. - Göttner-Abendroth, S. 35f. - Voss, S. 260f. - Müller, S. 168. - Riedel, Formen, S. 73f. - Neumann, Große Mutter, S. 166f. - Walker, S. 361f
6. Grimm, Bd. 1, S. 253f u. 259-62 + Bd. 2, S. 741. - Götzinger, S. 213, 226f, 394 u. 407f. - Zingsem, S. 181f, 200-02, 205f, 218f u. 234-38. - Bog, S. 103f u. 109f. - Göttner-Abendroth, S. 112 u. 136. - Ranke / Bedrich, Enzyklopädie, Bd. 6, S. 961. - Führer, S. 80-82. - Riedel, weise Frau, S. 123f, 136 u. 151. - Walker, S.284 u. 363f. - Neumann, Große Mutter, S. 57 u. 167 - Biedermann, Dämonen, S. 102f
7. Grimm, Bd. 1, S. 220-24, 234-37 u. 249-53 + Bd. 2, S. 778f, 792f u. 882f. - Götzinger, S. 224-26. - Bächtold-Stäubli, Bd. 3, S. 105-10 + Bd. 6, S. 1478-85. - Führer, S. 83f u. 92f. - Riedel, weise Frau, S. 134-37 u. 139f. - Leibbrand, S. 637-43. - Amstadt, S. 62f, 67f, 113f u. 116-18. - di Nola, S. 314-16 u. 326-28. - Bog, S. 129-32. - Zingsem, S. 187-89
8. Jung, GW, Bd. 9, Hbbd. 1, S. 119 u. 273 + Bd. 10, S. 204-06 u. 213 + Bd. 13, S. 218f u. 254. - Neumann, Große Mutter, S. 86f. - Neumann, Bedeutung, S. 22f, 35, 38f u. 43f. - Müller, S. 69f, 163f, 285, 430 u. 460. - Jacoby, S. 202f. - Kast, S. 93f. - Johnson, S. 174f. - Laiblin, S. 138f. - Greenfield, S. 41. - Göttner - Abendroth, S. 6f u. 130

9. Biedermann, Handlexikon, S. 135-38, 256f u. 488f. - Leibbrand, S. 565-67 u. 634f. - Türcke, S. 132-34 u. 138-40. - Amstadt, S. 115 u. 119. - di Nola, S. 218f u. 265. - Walker, S. 153, 442f u. 1039. - Behringer, Unkraut, S. 19f. - Decker, S. 28f. - Wittmann, S. 1. - Bächtold-Stäubli, Bd. 3, S. 1831f
10. Amstadt, S. 124f u. 154. - Früh, S. 10. - Gössmann u.a., S. 192f. - Türcke, S.146f. - Dömötör, S. 178 u. 180. - Ranke / Brednich, Enzyklopädie, Bd. 6, S. 976-78. - Bächtold-Stäubli, Bd. 2, S. 1762f. - Voss, S. 101f. - Riedel, weise Frau, S. 147f. - Walker, S. 390f
11. Neumann, Bedeutung, S. 14 u. 17. - Früh, S. 10-12. - Müller, S. 169. - Jacoby, S. 201. - Dingeldein, S. 53. - Riedel, weise Frau, S. 144f. - di Nola, S. 307-10. - Türcke, S. 142-44. - Decker, S. 36f u. 42. - Götzinger, S. 408f. - Voss, S. 102f
12. Jacoby, S. 199-201. - Dingeldein, S. 53f. - Früh, S. 12. - Leibbrand, S.647-50. - Gössmann u.a., S. 190f. - Scherzberg, S. 139f. - Amstadt, S. 120f. - Wittmann, S.1f. - Behringer, Unkraut, S. 26f. - di Nola, S. 284-87. - Türcke, S. 144-46. - Decker, S. 36-42. - Bächtold-Stäubli, Bd. 3, S. 1827-30 u. 1838-42. - Ranke / Brednich, Enzyklopädie, Bd. 9, S. 89-96. - Biedermann, Handlexikon, S. 261f, 323-26 u. 464
13. Ranke / Brednich, Enzyklopädie, Bd. 6, S. 962f. - Früh, S. 12-14. - Gössmann u.a., S. 191f. - Scherzberg, S. 138 u. 140. - Amstadt, S. 123f. - Kaminski, S. 78-82. - Götzinger. S. 409f. - Bächtold-Stäubli, Bd. 3, S.1852-58. - Wittmann, S. 2-10. - Türcke, S. 150-59. - Biedermann, Handlexikon, S. 88f, 114f, 234-39, 463, 489f. u. 527-30. - Behringer, Unkraut, S. 29-36 u. 39-42. - Behringer, Land, S. 159-69. - Decker, S. 46-48, 53f, 58-60, 68-71,86-89 u. 92-97
14. Wittmann, S. 78-82, 85-88 u. 93f. - Ranke / Brednich, Enzyklopädie, Bd. 6, S. 963, 967f, 971-73 u. 976f. - Röhrich, S. 17f. - Kaminski, S. 83 u. 85. - Dingeldein, S. 57. - Obenauer, S. 271f u. 321. - F. Ranke, S. X-XII. - von der Leyen, S. 21 u. 30. - von Wilpert, Sachwörterbuch, S. 668f
15. Decker, S. 99f u. 103. - von der Leyen, S. 38-40. - von Wilpert, Sachwörterbuch, S. 463f. - F. Ranke, S. XI-XIV. - Vordemfelde, S. 558f, 561-65 u. 569-74. - Wittmann, S. 95f. - Dingeldein, S. 55-59. - Ranke / Brednich, Enzyklopädie, Bd. 6, S. 963-66. - Kaminski, S. 83-85. - Diederichs, S. 159f. - Röhrich, S. 16-18. - Biedermann, Sagaheim, S. 190f u. 204
16. Biedermann, Sagaheim, S. 191f. u. 197f. - Neumann, Große Mutter, S. 147f. - Jacoby, S. 204 u. 210f. - Bog, S. 134f u. 137. - Scherf, Hexe, S. 226f, 230 u. 245. - Wittmann, S. 97 u. 99f. - Ranke / Brednich, Enzyklopädie, Bd. 6, S. 965f. - Diederichs, S. 160. - Kaminski, S. 83f. - Dingeldein, S. 55f. - Röhrich, S. 25 u. 132. - Vordemfelde, S. 562f

17. Diederichs, S. 332-36. - Riedel, weise Frau, S. 122-27. - Grimm, Bd. 2, S. 841f. - Führer, S. 62-64. - Lexer, S. 37. - Kinder- und Hausmärchen, Bd. 2, S. 29 u. 174. - Scherf, Märchenlexikon, Bd. 2, S. 1181, 1183 u. 1187. - Lüthi, S. 77f. - von Beit, Bd. 1, S. 383f + Bd. 2, S. 592. - Neumann, Große Mutter, S. 167, 174 u. 308-10. - Kast, S. 84-87 u. 92f. - Göttner-Abendroth, S. 125 u. 230. - Cooper, S. 125f
18. Propp, S. 5, 37, 87, 108, 132f, 451f u. 458f. - Baudler, Erlösung, S. 341-44. - Baudler, Gott, S. 135f. - Ranke / Brednich, Enzyklopädie, Bd. 6, S. 504 + Bd. 7, S. 184 + Bd. 10, S. 1435f. - Scherf, Rezension „Propp", S. 225f
19. Nitschke, S. 5f, 81-88 u. 216. - Grimm, Bd. 1, S. 357-60 + Bd. 2, S. 867f u. 904f. - Bächtold-Stäubli, Bd. 9, S. 55-61. - Vordemfelde, S. 570-74. - Thimme, S. 109f
20. Daum, Märchen, S.97-111 u. 242-50. - Daum, Religion, S. 22-54, 78-82, 101-07 u. 213-23. - Daum, Götter von Saba, S. 169-76. - Daum, geflügelte nackte Göttin, S. 137-43. - Baudler, Erlösung, S. 61-69, 175-79 u. 342-49. - Baudler, Gott, S. 127-30 u. 136-40. - Baudler, Ursprung, S. 78-80
21. von der Leyen, S. 17 u. 45. - Ranke, Enzyklopädie, Bd. 1, S. 566f. - Ranke/ Brednich, Enzyklopädie, Bd. 6, S. 498f u. 501f. - Bolte / Polivka, Bd. 1, S. 115. - Scherf, Märchenlexikon, Bd. 1, S. 549f. - Scherf, Herausforderung, S. 173. - Diederichs, S. 146f
22. Ranke / Brednich, Enzyklopädie, Bd. 6, S. 499 + Bd. 9, S. 831 u. 833. - Scherf, Märchenlexikon, Bd. 1, S. 248f, 271f u. 552. - Scherf, Lexikon, S. 87-89, 102-04 u. 187f. - Böhm-Korff, S. 10-12. - Diederichs, S. 93f. - Delarue, S. 326f. - Bolte / Polivka, Bd. 1, S. 123. - von Wilpert, dtv-Lexikon, Bd. 3, S. 929
23. Rötzer, S. 119-21 u. 166f. - Ranke, Enzyklopädie, Bd. 1, S. 1296f u. 1301. - Ranke / Brednich, Enzyklopädie, Bd. 6, S. 499. - Scherf, Märchenlexikon, Bd. 1, S. 131 u. 551 + Bd. 2, S. 902f. - Scherf, Lexikon, S. 46 u. 189. - Böhm-Korff, S. 12. - Delarue, S. 327. - Bolte / Polivka, Bd. 1, S. 123f. - von Wilpert, dtv-Lexikon, Bd. 1, S.125
24. Ranke, Enzyklopädie, Bd. 1, S. 1020-22. - Ranke / Brednich, Enzyklopädie, Bd. 6, S. 499f. - Scherf, Märchenlexikon, Bd. 1, S. 44, 306-09 u. 552. - Scherf, Lexikon, S. 12 u. 187f. - Delarue, S. 306, 312 u. 326. - Bolte / Polivka, Bd. 1, S. 124. - von Wilpert, dtv-Lexikon, Bd. 1, S. 94
25. Ranke, Enzyklopädie, Bd. 3, S. 360-63. - Ranke / Brednich, Enzyklopädie, Bd. 6, S. 499f + Bd. 10, S. 746-49. - Scherf, Märchenlexikon, Bd. 1, S. 552f u. 682-85. - Scherf, Lexikon, S. 187f u. 224-27. - Scherf, Herausforderung, S. 169, 176, 179 u. 181f. - Rötzer, S. 121f u. 166. - Hagen, Einfluß, Bd. 1, S. 38f + Bd. 2, S. 58f. - Hagen, Perraults Märchen, S. 397f.

25. Fortsetzung: Bolte / Polivka, Bd. 1, S. 124f. - Diederichs, S. 179f. - Böhm-Korff, S. 13f. - Delarue, S. 306, 312 u. 325f. - von Wilpert, dtv-Lexikon, Bd. 3, S. 1040
26. Hagen, Einfluß, Bd. 1, S. 38, 41f, 44, 46, 48f u. 51 + Bd. 2, S. 46-52. - Hagen, Perraults Märchen, S. 397-401. - Scherf, Lexikon, S. 186f u. 189f. - Scherf, Märchenlexikon, Bd. 1, S. 548f. - Scherf, Herausforderung, S. 170f. - Böhm-Korff, S. 14f, 19f u. 26f. - Diederichs, S. 146-48. - Rölleke, August Stöbers Einfluß, S. 11, 16 u. 20. - Rölleke, Grimms Märchen, S. 107f - Ranke / Brednich, Enzyklopädie, Bd. 6, S. 500 u. 502. - Bolte / Polivka, Bd. 1, S. 115f. - von Wilpert, dtv-Lexikon, Bd. 1, S. 132 + Bd. 2, S. 521f + Bd. 4, S. 1277. - Bechstein, S. 786f u. 868-71. - Delarue, S. 313
27. von der Leyen, S. 5f, 11f u. 16f. - Böhm-Korff, S. 15-17 u. 21-25. - Rötzer, S. 123-26 u. 166. - Winter, S. 223-25 u. 233f. - Brackert, Grenzen literaturwissenschaftlicher Märchen-Interpretation, S. 12f u. 26f. - Rölleke, August Stöbers Einfluß, S. 11f u. 16-19. - Hagen, Einfluß, Bd. 1, S. 44-46. - Hagen, Perraults Märchen, S. 398f
28. Hagen, Einfluß, Bd. 1, S. 45f u. 50-52 + Bd. 2, S. 49, 51f u. 54f. - Hagen, Perraults Märchen, S. 400f. - Scherf, Herausforderung, S. 184f u. 314. - Scherf, Lexikon, S. 171f, 191, 227f u. 469. - Scherf, Märchenlexikon, Bd. 1, S. 527 u. 684f + Bd. 2, S. 1537. - Bechstein, S. 788f, 792, 802f u. 809. - Bolte / Polivka, Bd. 1, S. 115f u. 125f. - Ranke / Brednich, Enzyklopädie, Bd. 6, S. 501 u. 503f. - Rölleke, August Stöbers Einfluß, S. 18f. - Böhm-Korff, S. 16f
29. Zingerle, Kinder- und Hausmärchen, S. 51-53, 136-38 u. 235-39. - Zingerle, Sagen, S. I-III, 110f, 402f, 595, 616f u. 663. - Scherf, Märchenlexikon, Bd. 1, S. 391 u. 553 + Bd. 2, S. 774f u. 1148f. - Scherf, Herausforderung, S. 177f u. 184. - Scherf, Hexe, S. 249. - Hagen, Einfluß, Bd. 1, S. 52 + Bd. 2, S. 56f. - Bolte / Polivka, Bd. 1, S. 116 u. 126 + Bd. 3, S. 580 u. 624. - Bächtold-Stäubli, Bd. 2, S. 1184f- - Mallet, S. 19. - von Wilpert, dtv-Lexikon, Bd. 2, S. 522 + Bd. 4, S. 1464
30. Bolte / Polivka, Bd. 1, S. 115f u. 119 + Bd. 3, S. 602, 603, 611, 613 u. 621. - Ranke, Volksmärchen, S. 229-31. - Hagen, Einfluß, Bd. 1, S. 51 + Bd. 2, S. 52-54. - Ranke / Brednich, Enzyklopädie, Bd. 6, S. 501f, 507 Anm. 28 u. 992f. - Scherf, Märchenlexikon, Bd. 1, S. 388-91 u. 553 + Bd. 2, S. 1485f, 1526, 1528 u. 1531. - Scherf, Herausforderung, S. 177f. - Bittlinger, S. 29f
31. Bolte / Polivka, Bd. 1, S. 116-23 + Bd. 3, S. 560, 562 u. 606. - Scherf, Märchenlexikon, Bd. 1, S. 372-74, 553 u. 719-21 + Bd. 2, S. 1168-71, 1501, 1502, 1525 u. 1529. - Scherf, Herausforderung, S. 177f, 311 u. 312. - Ranke/ Brednich, Enzyklopädie, Bd. 6, S. 500-03. - von der Leyen, S. 145

32. Bolte / Polivka, Bd. 1, S. 117 u. 125f + Bd. 3, S. 572 u. 606. - Delarue, S. 306-09 u. 317. - Ranke, Volksmärchen, S. 235f. - Scherf, Herausforderung, S. 184f u. 307. - Scherf, Lexikon, S. 191. - Hagen, Einfluß, Bd. 1, S. 53 + Bd. 2, S. 57. - Hagen, Peraults Märchen, S. 401
33. Böhm-Korff, S. 59f. - Brackert, Grenzen der Märchendeutung, S. 231f. - Scherf, Rezension „Stork", S. 231. - Drewermann, Hänsel, S. 10 u. 112, Anm. 6
34. Bettelheim, Kinder, S. 151f. - Bettelheim, Hänsel, S. 152f. - Schäfer, S. 29-31 u. 33-35. - von Bonin, Hänsel, S. 48f u. 55-57. - Meves, S. 30-32. - Heuscher, S. 116f. - Wittgenstein, S. 229f
35. Drewermann, Hänsel, S. 19-22, 25-28, 32-39, 44f 48-50, 54 u. 112 Anm. 6. - Drewermann, Suchtstrukturen, S. 85f u. 89-91. - Randak, S. 33. - Heuscher, S. 121f. - Böhm-Korff, S. 63
36. Bettelheim, Kinder, S. 152f. - Bettelheim, Hänsel, S. 154f. - Schäfer, S. 37-40. - Mallet, S. 20-22. - Randak, S. 43 u. 45. - von Bonin, Hänsel, S. 62f u. 66-69. - Meves, S. 33-35. - Heuscher, S. 117f. - Böhm-Korff, S. 61f. - Scherf, Hexe, S. 243 u. 245
37. Drewermann, Hänsel, S. 61-71 u. 80-84. - Thomä, S. 35-37, 265-72 u. 300-04. - Dührssen, S. 239-41 u. 247-50. - Randak, S. 42 u. 44
38. Bally, S. 79f. - Salber, S. 95-97. - Randak, S. 30 u. 48. - Böhm-Korff, S. 57f. - Bettelheim, Kinder, S. 154-57. - Bettelheim, Hänsel, S. 156-59. - Schäfer, S. 40f. - von Bonin, Hänsel, S. 72f u. 75-77. - Heuscher, S. 118f. - Brackert, Grenzen der Märchendeutung, S. 233f u. 236f. - Scherf, Herausforderung, S. 175f
39. Drewermann, Hänsel, S. 86-93, 97f, 101-04 u. 128 Anm. 106. - Müller, S. 191f u. 286f. - Randak, S. 41f. - Salber, S. 96f. - von Bonin, Hänsel, S. 69
40. Jung, GW, Bd. 5, S. 317f, 322-24, 399f u. 531f. - Neumann, Große Mutter, S. 40, 45 u. 50. - Laiblin, S. 111f u. 142. - von Beit, Bd. 1, S. 133f u. 137
41. Müller, S. 22-26, 194-200, 304 u. 396f. - Drewermann, Hänsel, S. 10, 84-86, 107f u. 112 Anm. 6. - Böhm-Korff, S. 65f u. 72f. - Wittgenstein, S. 232f, 235 u. 240. - Eschenbach, S. 126f u. 140f
42. Wittgenstein, S. 231 u. Anm. 1. - Böhm-Korff, S. 71f. - Grimm, Bd. 2, S. 888f. - Wittmann, S. 4. - Bächtold-Stäubli, Bd. 4, S. 703-08
43. Bächtold-Stäubli, Bd. 4, S. 709-14, 718-24, 727-30,733-38, 741-47 u. 758-65. - Grimm, Bd. 1, S. 49f, 513f u. 518f. - Riedel, Frau Holle, S. 121-23. - Frazer, S. 903-12. - Götzinger, S. 457f
44. Bächtold-Stäubli, Bd. 5, S. 1634-38 + Bd. 9, S. 817-20. - Walker, S. 661f. - Wittgenstein, S. 231f. - Cooper, S. 63. - Duden, Etymologie, S. 444

45. Duden, Etymologie, S. 440, 445f u. 520. - Wittgenstein, S. 232. - Böhm-Korff, S. 72. - von Bonin, Handlexikon, S. 70f u. 80. - Cooper, S. 124f. - Johnson, S. 88f. - Bächtold-Stäubli, Bd. 6, S. 632
46. Ranke, Enzyklopädie, Bd. 2, S. 847-49. - Ranke / Brednich, Enzyklopädie, Bd. 7, S. 234-36 + Bd. 12, S. 424-26. - von Beit, Bd. 2, S. 111, 210, 212-15, 245 u. 381f. - Birkhäuser-Oeri, S. 109f. - Böhm-Korff, S. 69f. - Müller, S. 212f. - Cooper, S. 85
47. Eschenbach, S. 65f u. 85f. - Bächtold-Stäubli, Bd. 8, S. 478f. - Duden, Etymologie, S. 711. - Diederichs, S. 326f. - Böhm-Korff, S. 21f. - Rötzer, S. 166. - Winter, S. 225. - Schliephacke, Bildersprache, S. 60. - Lincke, S. 17 Anm. 4 u. 169. - von Beit, Bd. 1, S. 679. - von Bonin, Handlexikon, S. 116. - Bilz, S. 380f
48. Cooper, S. 81 u. 204. - von Beit, Bd. 1, S. 134 + Bd. 2, S. 466f. - Jung, GW, Bd. 11, S. 147 u. 197. - Bächtold-Stäubli, Bd. 8, S. 1503 u. 1507. - Schliephacke, Bildersprache, S. 66. - Schliephacke, Märchen, S. 22f. - Neumann, Große Mutter, S. 232 u. 244. - Eschenbach, S. 33f. - Randak, S. 30 u. 33. - Müller, S. 451
49. Bächtold-Stäubli, Bd. 1, S. 730f + Bd. 4, S. 502-04 + Bd. 8, S. 734-36 u. 741. - Ranke, Enzyklopädie, Bd. 1, S. 1050f. - Ranke / Brednich, Enzyklopädie, Bd. 6, S. 1381-84 u. 1388f. - Jung, GW, Bd. 5, S. 427f. u. 530-32. - Müller, S. 256 u. 356f. - Brackert, Grenzen der Märchendeutung, S. 237f. - Eschenbach, S. 40f. - Wieland-Burston, S. 82f. - Gutter, S. 155, - Wittgenstein, S. 234f
50. Jung, GW, Bd. 5, S. 352 + Bd. 13, S. 214. - von Beit, Bd. 1, S. 46f. - Zimmer, S. 190f u. 201f. - Schliephacke, Bildersprache, S. 70f. - Cooper, S. 208. - von Bonin, Handlexikon, S. 128. - Vordemfelde, S. 572f. - Eschenbach, S. 77f u. 90. - Gutter, S. 211-13. - Bittlinger, S. 35f. - Dieckmann, S. 61f. - Bettelheim, Kinder, S. 91f. - Propp, S. 65f u. 97f. - Bächtold-Stäubli, Bd. 9, S. 55f
51. Bächtold-Stäubli, Bd. 3, S. 1552f + Bd. 4, S. 1306f + Bd. 8, S. 380f u. 388f + Bd. 9, S. 339-42 u. 347-51. - Cooper, S. 52f, 75 u. 181-83. - von Bonin, Handlexikon, S. 57, 115 u. 129f. - Riedel, Farben, S. 176, 179-81, 183f u. 187f. - Gutter, S. 38, 155 u. 203. - Geiger, S. 265f. - Eschenbach, S. 46f. - Bittlinger, S. 29f. - Bettelheim, Kinder, S. 77f. - Dieckmann, S. 65. - Rölleke, Grimms Märchen, S. 31. - Randak, S. 42, - Schliephacke, Bildersprache, S. 19
52. Jung, GW, Bd. 5, S. 405f + Bd. 8, S. 179f + Bd. 12, S. 461f. - Neumann, Mond, S. 78f, 82 u. 85f. - von Beit, Bd. 1, S. 29-31. - Laiblin, S. 107f. - Gutter, S. 220f. - Cooper, S. 121-23. - Bächtold-Stäubli, Bd. 6, S. 503-06. - Walker, S. 734-36. - Eschenbach, S. 44, 49 u. 82. - von Bonin, Handlexikon, S. 78f. - Randak, S. 36. - Schliephacke, Bildersprache, S. 42. - Geiger, S. 266f

53. Jung, GW, Bd. 5, S. 314 Anm. 73, 318 Anm. 86 u. 444 + Bd. 6, S. 291 + Bd. 9, Hbbd. 1, S. 155f + Bd. 11, S. 275f + Bd. 12, S. 234. - von Beit, Bd. 1, S. 235-37 u. 673. - Bächtold-Stäubli, Bd. 1, S. 1592-95 + Bd. 8, S. 1673-77. - Cooper, S. 28 u. 205f. - Schliephacke, Bildersprache, S. 14 u. 68f. - von Bonin, Handlexikon, S. 25 u. 126f. - Dieckmann, S. 65f. - Wieland-Burston, S. 83f. - Geiger, S. 267f. - Bittlinger, S. 30f. - Eschenbach, S. 83
54. von Beit, Bd. 1, S. 237 + Bd. 2, S. 467f. - von Bonin, Handlexikon, S. 16. - Müller, S. 260f. - Cooper, S. 16. - Bittlinger, S. 31. - Bächtold-Stäubli, Bd. 1, S. 745
55. Jung, GW, Bd. 5, S. 126, 142f, 206 u. 540 + Bd. 9, Hbbd. 1, S. 110. - von Beit, Bd. 1, S. 135 u. 370f. - von Bonin, Handlexikon, S. 42f. - Cooper, S. 54-56. - Schliephacke, Bildersprache, S. 19f. - Bächtold-Stäubli, Bd. 2, S. 1391-94, 1397 u. 1139-1401. - Eschenbach, S. 152f. - Randak, S. 45
56. von Beit, Bd. 1, S. 129-32 u. 158f. - Jung, GW, Bd. 5, S. 278, 338 u. 536f. - Eschenbach, S. 78 u. 92. - Gutter, S. 194f. - Cooper, S. 18-20. - Schliephacke, Bildersprache, S. 13. - Bächtold-Stäubli, Bd. 1, S. 955f. - von Bonin, Handlexikon, S. 19. - Johnson, S. 65
57. von Beit, Bd. 1, S. 134. - Wieland-Burston, S. 84f. - Eschenbach, S. 101. - Bittlinger, S. 39. - Dieckmann, S. 65. - Schliephacke, Märchen, S. 23. - Daum, Märchen, S. 102-06 u. 245f. - Daum, Religion, S. 38-40
58. Gimbutas, S. 195, 198, 209, 211, 319 u. 325. - Riedel, Farben, S. 184f. - Bächtold-Stäubli, Bd. 7, S. 1273f. - Cooper, S. 168. - von Bonin, Handlexikon, S. 36. - Johnson, S. 93. - Göttner-Abendroth, S. 103
59. Bächtold-Stäubli, Bd. 2, S. 116-19, 123f, 1028-30 u. 1329-34 + Bd. 5, S. 647-53 u. 656f. - Cooper, S. 32, 75 u. 103. - Duden, Etymologie, S. 113f u. 182f. - von Beit, Bd. 1, S. 134, 406, 408 u. 717 + Bd. 2, S. 421 u. 588. - Wasserziehr, S. 106f. - Bittlinger, S. 39f. - Bettelheim, Kinder, S. 152f. - von Bonin, Hänsel, S. 62. - Schliephacke, Märchen, S. 23
60. Dieckmann, S. 59 u. 64. - Wieland-Burston, S. 85f. - von Beit, Bd. 1, S. 133f. - Jacoby, S. 204. - Bittlinger, S. 40. - Bettelheim, Kinder, S. 153. - Frobenius, S. 110-12. - Bächtold-Stäubli, Bd. 2, S. 1033 + Bd. 6, S. 153, 156 u. 164. - Röhrich, S. 130-32. - Propp, S. 77f
61. Dieckmann, S. 62, 67, 83 u. 89f. - von Bonin, Handlexikon, S. 59f. - Schliephacke, Märchen, S. 22f. - Schliephacke, Bildersprache, S. 31f. - Birkhäuser-Oeri, S. 48f. - Eschenbach, S. 116f. - Cooper, S. 125f. - Meves, S. 35
62. Bächtold-Stäubli, Bd. 1, S. 685-87 u. 693f + Bd. 7, S. 798f, 802 u. 806f. - non Bonin, Handlexikon, S. 15f u. 95f. - Cooper, S. 15f u. 51f. - Riedel, Farben, S. 24-28. - von Beit, Bd. 1, S. 166, 219, 553f, 560 u. 678. - Eschenbach, S. 120. - Laiblin, S. 138. - Göttner-Abendroth, S. 139. - Bolte / Polivka, Bd. 1, S. 207f. - Vordemfelde, S. 564. - Propp, S. 85

63. Voss, S. 44f, 258, 269f, 278 u. 282. - Göttner-Abendroth, S. 5f, 18 u. 21. - Riedel, Farben, S. 29-33 u. 41-43. - Bächtold-Stäubli, Bd. 7, S. 799-801 u. 803f. - von Beit, Bd. 1, S. 116-19 u. 552f. - Eschenbach, S. 120f. - von Bonin, Handlexikon, S. 95. - Schliephacke, Bildersprache, S. 18f
64. Zingerle, Sagen, S.110f u. 616f Anm. 181. - Scherf, Märchenlexikon, Bd. 2, S. 774f u. 1148f. - Scherf, Herausforderung, S. 177f. - Mallet, S. 21f. - von Bonin, Hänsel, S. 69 u. 71. - von Bonin, Handlexikon, S. 43f. - von Beit, Bd. 1, S. 149f, 549f, 561 u. 574f + Bd. 2, S. 242 u. 254f. - Bächtold-Stäubli, Bd. 2, S. 174, 178,1483, 1490 u. 1493 + Bd. 8, S. 354 u. 356 + Bd. 9, S. 579f. - Schliephacke, Märchen, S. 23f. - Schliephacke, Bildersprache, S. 20f. - Cooper, S. 56. - Randak, S. 45. - Jung, GW, Bd. 5, S. 476 Anm. 156. - Duden, Etymologie, S. 699
65. Neumann, Ursprungsgeschichte, S. 57f, 65f, 68-70 u. 73-75. - Gimbutas, S. 198, 211 u. 323. - von Bonin, Handlexikon, S. 68f. - Schliephacke, Bildersprache, S. 36. - Cooper, S. 93. - Bächtold-Stäubli, Bd. 5, S. 6. - Duden, Etymologie, S. 357. - Propp, S. 108f. - Göttner-Abendroth, S. 139. - Müller, S. 430f. - Eschenbach, S. 124f. - Meves, S. 35f
66. Jung, GW, Bd. 5, S. 276-78, 344 u. 494 + Bd. 9, Hbbd. 1, S. 28. - von Beit, Bd. 1, S. 38-40, 438f, 672, 721f u. 727 + Bd. 2, S. 138 u. 394. - Neumann, Große Mutter, S. 58 u. 129f. - Bächtold-Stäubli, Bd. 8, S. 1106f + Bd. 9, S. 113 u. 325f. - Schliephacke, Bildersprache, S. 64 u. 71f. - Schliephacke, Märchen, S. 24. - von Bonin, Handlexikon, S. 122 u. 129. - Cooper, S. 209f. - Meves, S. 36
67. von Beit, Bd. 1, S. 575, 605 u. 695 + Bd. 2, S. 21. - Neumann, Große Mutter, S. 165f, 173-76,272-74 u. 280. - Zingsem, S. 218f, 221f, 224f, 229f u. 233-35. - Göttner-Abendroth, S. 99f u. 112. - Jung, GW, Bd. 9, Hbbd. 1, S. 361-63. - Bächtold-Stäubli, Bd. 4, S. 1260, 1262 u. 1264f + Bd. 5, S. 448f, 453f u. 458 + Bd. 9, S. 665 u. 669. - Cooper, S. 92 u. 197. - von Bonin, Handlexikon, S. 59 u. 66. - von Bonin, Hänsel, S. 71f. - Schliephacke, Bildersprache, S. 37. - Schliephacke, Märchen, S. 24. - Führer, S. 20. - Eschenbach, S. 153f. - Mallet, S. 20
68. Müller, S. 24, 101f u. 286f. - von Beit, Bd. 1, S. 164 Anm. 3 u. 172f. - Neumann, Große Mutter, S. 291f. - Cooper, S. 55 u. 209. - Eschenbach, S. 151-53 u. 156f. - Geiger, S. 270f. - Bittlinger, S. 43f
69. von Beit, Bd. 1, S. 134f, 406 u. 672f + Bd. 2, S. 123 u. 470. - Jung, GW, Bd. 5, S. 210f + Bd. 12, S. 275-77. - Bächtold-Stäubli, Bd. 1, S. 755, 757f, 760, 778, 783f u. 788 + Bd. 6, S. 1187f, 1190, 1194 u. 1196. - von Bonin, Handlexikon, S. 16f u. 84f. - von Bonin, Hänsel, S. 72. - Schliephacke, Bildersprache, S. 11 u. 47. - Cooper, S. 131. - Dieckmann, S. 64f u. 85. - Neumann, Große Mutter, S. 270f. - Laiblin, S. 112

70. Birkhäuser-Oeri, S. 23f, 36f u. 49f. - Bilz, S. 380f. - Wasserziehr, S. 108. - Jacoby, S. 211f. - Eschenbach, S. 157. - Propp, S. 87, 119f u. 123. - Ranke / Brednich, Enzyklopädie, Bd. 6, S. 504. - Röhrich, S. 145
71. Bächtold-Stäubli, Bd. 4, S. 687f u. 854 + Bd. 8, S. 1140, 1222f, 1229f u. 1233f. - Müller, S. 4, 201 u. 350. - Ranke / Brednich, Enzyklopädie, Bd. 7, S. 183-86. - Riedel, Frau Holle, S. 77f u. 82f. - Riedel, weise Frau, S. 146f,. - Winterstein, S. 58 u. 62f. - Röhrich, S. 108f. - Dingeldein, S. 56. - Propp, S. 63-65. - Cooper, S. 85. - Wittgenstein, S. 235. - Eschenbach, S. 140
72. Jung, GW, Bd. 5, S. 266, 322-24, 421-24, 445 u. 517 + Bd. 8, S. 40 u. 223f + Bd. 11, S. 555f u. 561-64 + Bd. 12, S. 379f. - von Beit, Bd. 1, S. 335f, 342 u. 566 + Bd. 2, S. 569. - Müller, S. 91f, 161f, 201f, 356f u. 464. - Frobenius, S. 166-69 u. 421. - Eschenbach, S. 140f. - Cooper, S. 35 u. 208. - Schliephacke, Bildersprache, S. 35. - Gutter, S. 217
73. Müller, S. 4f u. 349f. - Neumann, Ursprungsgeschichte, S. 159f u. 225f. - Jung, GW, Bd. 5, S. 318 u. 532. - von Beit, Bd. 1, S. 337 + Bd. 2, S. 212 u. 463. - Schliephacke, Bildersprache, S. 67f. - Frobenius, S. 188-90. - Scherf, Märchenlexikon, Bd. 2, S. 902f. - Rötzer, S. 166f
74. Jung, GW, Bd. 5, S. 463-65 u. 476f + Bd. 9, Hbbd. 1, S. 156 + Bd. 12, S. 384. - von Beit, Bd. 1, S. 166 + Bd. 2, S. 569. - Schliephacke, Bildersprache, S. 34 u. 51. - Müller, S. 376f. - Eschenbach, S. 141 u. 167. - von Bonin, Handlexikon, S. 99f. - Bächtold-Stäubli, Bd. 7, S. 1004f u. 1012. - Duden, Etymologie, S. 291f u. 622. - Cooper, S. 157
75. Neumann, Ursprungsgeschichte, S. 169f, 215 u. 227. - Neumann, Große Mutter, S. 69. - Jung, GW, Bd. 8, S. 128 + Bd. 13, S. 109f. - von Beit, Bd. 1, S. 450f u. 780. - von Bonin, Handlexikon, S. 86f u. 99. - Cooper, S. 39f u. 136. - Bächtold-Stäubli, Bd. 2, S. 552-56 + Bd. 6, S. 1496f. - Schliephacke, Bildersprache, S. 48. - Geiger, S. 281. - Zingsem, S. 102 u. 104
76. Neumann, Ursprungsgeschichte, S. 227f, 231 u. 233f. - von Beit, Bd. 1, S. 581. - Göttner-Abendroth, S. 140 u. 169. - Bittlinger, S. 44. - Hagen, Einfluß, Bd. 1, S. 50 + Bd. 2, S. 49 u. 51f. - Bechstein, S. 64f
77. Frobenius, S. 63, 67, 112f, 202 u. 269f. - Jung, GW, Bd. 5, S. 442-45. - Daum, Märchen, S. 65f, 102f, 110f, 245f, 248f u. 263f. - Daum, Religion, S. 38-41, 48, 125-28 u. 219. - Baudler, Gott, S. 136f
78. Jung, GW, Bd. 9, Hbbd. 1, S. 28 + Bd. 21, Supplbd. Sem. 1, S. 494. - von Beit, Bd. 1, S. 66-68 u. 299. - Neumann, Große Mutter, S. 58. - Bächtold-Stäubli, Bd. 4, S. 187f, 209, 229, 645 u. 647 + Bd. 7, S. 1558 u. 1561. - Hunger, S. 90 u. 418. - Daum, Religion, S. 218f. - von Bonin, Handlexikon, S. 119. - Cooper, S. 171

79. Jung, GW, Bd. 5, S. 207 u. 445. - von Beit, Bd. 1, S. 523f. - Schliephacke, Bildersprache, S. 55f. - Cooper, S. 169f. - von Bonin, Handlexikon, S. 106. - Randak, S. 48. - Hagen, Einfluß, Bd. 1, S. 50f + Bd. 2, S. 49 u. 52. - Bechstein, S. 65
80. von Beit, Bd. 1, S. 254, 775 u. 786 + Bd. 2, S. 164f. - Zingsem, S. 105, 110, 179, 200 u. 205f. - Johnson, S. 89 u. 91. - Hagen, Einfluß, Bd. 1, S. 45f + Bd. 2, S. 48 u. 51. - Schliephacke, Bildersprache, S. 17. - Cooper, S. 45. - von Bonin, Handlexikon, S. 38. - Bächtold-Stäubli, Bd. 2, S. 850. - Eschenbach, S. 162
81. Eschenbach, S. 163f. - Bittlinger, S. 45f. - Wasserziehr, S. 107. - Geiger, S. 277f. - Meves, S. 38. - von Beit, Bd. 1, S. 181. - Schliephacke, Märchen, S. 24f. - Bettelheim, Kinder, S. 155f
82. Lincke, S. 87f. - von Beit, Bd. 1, S. 133-35. - Mogk, S. 50-52. - Bächtold-Stäubli, Bd. 8, S. 441, 479 u. 972. - Neumann, Große Mutter, S. 79, 81 u. 168. - Schliephacke, Märchen, S. 22 u. 25. - Schliephacke, Bildersprache, S. 64. - Müller, S. 402f
83. Jung, GW, Bd. 8, S. 457-59 u. 464-67. - Müller, S. 169f, 250f, 412f u. 459. - Walker, S. 1094-97. - von Beit, Bd. 1, S. 162f. - Wieland-Burston, S. 87. - Eschenbach, S. 86. - Bilz, S. 381f
84. Jung, GW, Bd. 5, S. 303, 318, 336, 349, 366 u. 441. - von Beit, Bd. 1, S. 135 u. 141 + Bd. 2, S. 245 u. 253f. - Neumann, Große Mutter, S. 148, 152 u. 194f. - Müller, S. 23f u. 284f. - Bächtold-Stäubli, Bd. 8, S. 479f u. 978. - Cooper, S. 199. - Bittlinger, S. 46
85. Neumann, Große Mutter, S. 308f. - Müller, S. 377f. - Geiger, S. 278 u. 281. - Schliephacke, Märchen, S. 25f. - Meves, S. 40. - Duden, Etymologie, S. 203, 654 u. 722. - Bächtold-Stäubli, Bd. 7, S. 1364f + Bd. 9, S. 782f. - Wittgenstein, S. 222f u. 232. - von Bonin, Handlexikon, S. 105. - Cooper, S. 169
86. Müller, S. 23f u. 108f. - von Beit, Bd. 1, S. 134 u. 601f. - Eschenbach, S. 33f. - Bittlinger, S. 46 u. 355 Anm. 41. - Dieckmann, S. 86f. - Bächtold-Stäubli, Bd. 7, S. 748 + Bd. 8, S. 668f. - Duden, Etymologie, S. 596f u. 735
87. Jung, GW, Bd. 5, S. 425f + Bd. 7, S. 228 u. 230 + Bd. 9, Hbbd.1, S. 45f, 231f, 238 u. 245. - von Beit, Bd. 1, S. 424, 525f, 537f, 620f u. 683 + Bd. 2, S. 148f u. 180f. - Müller, S. 24f u. 460f. - Neumann, Ursprungsgeschichte, S. 191. - Schliephacke, Bildersprache, S. 66
88. Jung, GW, Bd. 5, S. 216, 258 u. 454-56 + Bd. 7, S. 80f + Bd. 8, S. 40, 177f, 453, 455, 457 u. 459. - Müller, S. 91, 162, 196, 250 u. 357. - von Beit, Bd. 1, S. 336, 342f, 379, 429f u. 519f. - Schliephacke, Bildersprache, S. 56f. - Cooper, S. 175f. - von Bonin, Handlexikon, S. 110
89. Müller, S. 250f. - Jung, GW, Bd. 7, S. 81f. - von Beit, Bd. 1, S. 416f. - Cooper, S. 76. - Schliephacke, Bildersprache, S. 31

Literaturverzeichnis

Amstadt, Jakob: Die Frau bei den Germanen. Matriarchale Spuren in einer patriarchalen Gesellschaft. Stuttgart-Berlin-Köln: Kohlhammer, 1994

Bächtold-Stäubli, Hanns: siehe Handwörterbuch des deutschen Aberglaubens

Bally, Gustav: Einführung in die Psychoanalyse Sigmund Freuds. Mit Originaltexten Freuds. Unter Mitarbeit von Ambros Uchtenhagen. Reinbek bei Hamburg: Rowohlt Taschenbuch, 1961

Baudler, Georg: Erlösung vom Stiergott. Christliche Gotteserfahrung im Dialog mit Mythen und Religionen. München-Stuttgart: Kösel-Calwer, 1989

Baudler, Georg: Gott und Frau. Die Geschichte von Gewalt, Sexualität und Religion. München: Kösel, 1991

Baudler, Georg: Zum Ursprung der religiösen Symbolik: „Archetypen der Seele" (C.G. Jung) oder wahrgenommene Wirklichkeit? In: Mnemosyne. Festschrift für Manfred Lurker zum 60. Geburtstag. Herausgegeben von Werner Bies und Hermann Jung. Baden-Baden: Koerner, 1988, S. 71-91

Bechstein, Ludwig: Sämtliche Märchen. Vollständige Ausgabe nach derAusgabe letzter Hand unter Berücksichtigung der Erstdrucke, mit Anmerkungen und einem Nachwort von Walter Scherf. Mit 187 Illustrationen von Ludwig Richter. München: Winkler, 1965

Behringer, Wolfgang: „Erhob sich das ganze Land zu ihrer Ausrottung…". Hexenprozesse und Hexenverfolgungen in Europa. In: Hexenwelten, S. 131-69

Behringer, Wolfgang: „Vom Unkraut unter dem Weizen". Die Stellung der Kirchen zum Hexenproblem. In: Hexenwelten, S. 15-47

Beit, Hedwig von: Symbolik des Märchens. 3 Bde. Bern: Francke, 1952-1957

Bettelheim, Bruno: Hänsel und Gretel, mein Lieblingsmärchen. In: Das Märchen – ein Märchen? Psychoanalytische Betrachtungen zu Wesen, Deutung und Wirkung der Märchen. 5. Symposion der Poliklinik für Kinder- und Jugendpsychotherapie der Technischen Universität München. Herausgegeben von Jochen Stork. Stuttgart-Bad Cannstadt: Frommann-Holzboog, 1987, S. 137-60

Bettelheim, Bruno: Kinder brauchen Märchen. Aus dem Amerikanischen übersetzt von Liselotte Mickel und Brigitte Weitbrecht. Stuttgart: Deutsche Verlags-Anstalt, 1977

Biedermann, Hans: Dämonen, Geister, dunkle Götter. Lexikon der furchterregenden mythischen Gestalten. Graz-Stuttgart: Stocker, 1989

Biedermann, Hans: Handlexikon der magischen Künste von der Spätantike bis zum 19. Jahrhundert. Graz: Akademische Druck- und Verlagsanstalt, 1973, 2. verbess. u. vermehr. Aufl.

Biedermann, Hans: Sagaheim. Verborgene Weisheit in alten Märchen. München: Knaur, 1990

Bilz, Josephine: Märchengeschehen und Reifungsvorgänge unter tiefenpsychologischem Gesichtspunkt. In: Märchenforschung und Tiefenpsychologie, S. 379-85

Birkhäuser-Oeri, Sibylle: Die Mutter im Märchen. Deutung der Problematik des Mütterlichen und des Mutterkomplexes am Beispiel bekannter Märchen. Herausgegeben von Marie-Louise von Franz. Fellbach-Oeffingen: Bonz, 1990, 10. Aufl. („psychologisch gesehen" 28/29)

Bittlinger, Arnold: Es war einmal… Grimmsche Märchen tiefenpsychologisch gedeutet. München: Knaur, 1994 (Esoterik)

Böhm-Korff, Regina: Deutung und Bedeutung von „Hänsel und Gretel". Eine Fallstudie. Frankfurt a. M.-Bern-NewYork-Paris: Lang, 1991

Bog, Rosemarie: Die Hexe. Schön wie der Mond – häßlich wie die Nacht. Zürich: Kreuz, 1987

Bolte, Johannes / Polivka, Georg: Anmerkungen zu den Kinder- und Hausmärchen der Brüder Grimm. 5 Bde. Leipzig: Dieterich, 1913-1932

Bonin, Felix von: Hänsel und Gretel. Das ungeliebte Kind. Ahlerstedt: Param, 2002 (Heilung durch Märchen)

Bonin, Felix von: Kleines Handlexikon der Märchensymbolik. Stuttgart: Kreuz, 2001

Brackert, Helmut: Hänsel und Gretel oder Möglichkeiten und Grenzen literaturwissenschaftlicher Märchen-Interpretation. In: Und wenn sie nicht gestorben sind, S. 9-38

Brackert, Helmut: Hänsel und Gretel oder Möglichkeiten und Grenzen der Märchendeutung. In: Und wenn sie nicht gestorben sind, S. 223-39

Cooper, Jean C.: Illustriertes Lexikon der traditionellen Symbole. Übersetzung aus dem Englischen von Gudrun und Matthias Middell. Wiesbaden: Drei Lilien, 1986

Daum, Werner: Die geflügelte nackte Göttin: Märchen, Ethnologie und antike Religion und der Ursprung des Laubhüttenfestes. In: Im Land der Königin von Saba. Kunstschätze aus dem antiken Jemen. Eine Ausstellung des Staatlichen Museums für Völkerkunde München vom 7. Juli 1999 bis 9. Januar 2000. Herausgegeben vom Staatlichen Museum für Völkerkunde München in Zusammenarbeit mit Werner Daum, Walter W. Müller, Norbert Nebes und Walter Raunig. München: Staatliches Museum für Völkerkunde, 1999, S. 137-43

Daum, Werner: Die Götter von Saba. In: Die Königin von Saba. Kunst, Legende und Archäologie zwischen Morgenland und Abendland. Herausgegeben von Werner Daum. Stuttgart-Zürich: Belser, 1988, S. 169-76

Daum, Werner, Märchen: siehe Märchen aus dem Jemen

Daum, Werner: Ursemitische Religion. Stuttgart – Berlin – Köln – Mainz: Kohlhammer, 1985

Decker, Rainer: Hexen. Magie, Mythen und die Wahrheit, Darmstadt: Primus, 2004

Delarue, Paul: Le conte populaire français. Catalogue raisonné des versions de France et des pays de langue française d' outre-mer. Bd. 1. Nouvelle édition. Paris : Maisonneuve et Larose, 1976

Dieckmann, Hans : Gelebte Märchen. Hildesheim : Gerstenberg, 1978

Diederichs, Ulf: Who's who im Märchen. München: Deutscher Taschenbuch Verlag, 1995

Dingeldein, Heinrich J.: „Hexe" und Märchen. Überlegungen zum Hexenbild in den Kinder- und Hausmärchen der Brüder Grimm. In: Die Frau im Märchen. Im Auftrag der Europäischen Märchengesellschaft herausgegeben von Sigrid Früh und Rainer Wehse. Kassel: Röth, 1985, S. 51-59 u. 219-21

Dömötör, Tekla: Die Hebamme als Hexe. In: Probleme der Sagenforschung. Verhandlungen der Tagung veranstaltet von der Kommission für Erzählforschung der Deutschen Gesellschaft für Volkskunde vom 27. September bis 1. Oktober 1972 in Freiburg i. Br..Herausgegeben von Lutz Röhrich. Freiburg i. Br.: Forschungsstelle Sage (Deutsche Forschungsgemeinschaft), 1973, S. 177-89

Drewermann, Eugen: Hänsel und Gretel. Aschenputtel. Der Wolf und die sieben Geißlein. Grimms Märchen tiefenpsychologisch gedeutet. München: Deutscher Taschenbuch Verlag, 2003

Drewermann, Eugen: Suchtstrukturen, Süchte - und ihre fast unmögliche Behandlung. In: E.D.: Psychoanalyse und Moraltheologie. Bd. 3: An den Grenzen des Lebens. Mainz: Grünewald, 1984, S. 85-97

Duden - Etymologie: Herkunftswörterbuch der deutschen Sprache, Duden Bd.7. Herausgegeben von Günther Drosdowski. Mannheim-Leipzig-Wien-Zürich: Dudenverlag, 1989, 2. neu bearb. u. erweit. Aufl.

Dührssen, Annemarie: Psychogene Erkrankungen bei Kindern und Jugendlichen. Eine Einführung in die allgemeine und spezielle Neurosenlehre. Göttingen: Verlag für medizinische Psychologie, 1960, 3. Aufl.

Duerr, Hans Peter: Traumzeit. Über die Grenze zwischen Wildnis und Zivilisation. Frankfurt a. M.: Syndikat, 1978

dtv-Lexikon der Weltliteratur. Herausgegeben von Gero von Wilpert. 4 Bde. München: Deutscher Taschenbuch Verlag, 1971

Enzyklopädie des Märchens. Handwörterbuch zur historischen und vergleichenden Erzählforschung. Bd. 1-4: Herausgegeben von Kurt Ranke. Berlin-New York: de Gruyter, 1977-1984

Enzyklopädie des Märchens. Handwörterbuch zur historischen und vergleichenden Erzählforschung. Bd. 5-12: Begründet von Kurt Ranke. Herausgegeben von Rolf Wilhelm Brednich. Berlin-New York: de Gruyter, 1987-2007

Eschenbach, Ursula: Hänsel und Gretel. Das geheime Wissen der Kinder. Zürich: Kreuz, 1986 (Weisheit im Märchen)

Frazer, Sir James George: Der goldene Zweig. Das Geheimnis von Glauben und Sitten der Völker. Übersetzung aus dem Englischen durch Helen von Bauer. Leipzig: Hirschfeld, 1928

Frobenius, Leo: Das Zeitalter des Sonnengottes. Berlin: Reimer, 1904

Früh, Sigrid: Einführung. In: Märchen von Hexen und Weisen Frauen. Herausgegeben von Sigrid Früh. Frankfurt a.M.: Fischer Taschenbuch, 1986, S. 7-19

Führer, Maria: Nordgermanische Götterüberlieferung und deutsches Volksmärchen. 80 Märchen der Brüder Grimm vom Mythus her beleuchtet. München: Filser, 1938

Geiger, Rudolf: Märchenkunde – Mensch und Schicksal im Spiegel der Grimmschen Märchen. Stuttgart: Urachhaus, 1982

Gimbutas, Marija: Die Sprache der Göttin. Das verschüttete Symbolsystem der westlichen Zivilisation. Mit einem Vorwort von Joseph Campbell. Deutsch von Udo Rennert und Andrea von Struve. Frankfurt a.M.: Zweitausendeins, 1995

Gössmann, Elisabeth u.a.: siehe Wörterbuch der Feministischen Theologie

Göttner-Abendroth, Heide: Die Göttin und ihr Heros. Die matriarchalen Religionen in Mythos, Märchen und Dichtung. München: Frauenoffensive, 1980

Götzinger, Ernst: siehe Reallexicon der deutschen Altertümer

Greenfield, Barbara: The Archetypal Masculine: Its Manifestation in Myth, and Its Significance for Women. In: Journal of Analytical Psychology, Bd. 28 (1983), S. 33-50

Grimm, Jacob: Deutsche Mythologie. 3 Bde. Unveränd. reprograf. Nachdr. der Berliner Ausg. 1875-1878. Besorgt und herausgegeben von Elard Hugo Meyer. Darmstadt: Wissenschaftliche Buchgesellschaft, 1965

Grimms Märchen. Ausgewählt und mit einem Kommentar versehen von Heinz Rölleke. Frankfurt a.M.: Suhrkamp, 1998

Gutter, Agnes: Märchen und Märe. Psychologische Deutung und pädagogische Wertung. Solothurn: Antonius, 1968

Hagen, Rolf: Der Einfluß der Perraultschen Contes auf das volkstümliche deutsche Erzählgut und besonders auf die Kinder- und Hausmärchen der Brüder Grimm. 2 Bde. Göttingen 1954, Phil. Diss. [Masch.]

Hagen, Rolf: Perraults Märchen und die Brüder Grimm. In: Zeitschrift für deutsche Philologie, 74. Bd. (1955), S. 392-410

Handwörterbuch des deutschen Aberglaubens. 10 Bde. Unveränd. photomech. Nachdr. der Ausg. Berlin-Leipzig 1927-1942. Herausgegeben von Hanns Bächtold-Stäubli unter Mitwirkung von Eduard Hoffmann-Krayer mit einem Vorwort von Christoph Daxelmüller. Berlin-New York: de Gruyter, 1987

Heuscher, Julius E.: A Psychiatric Study of Myths and Fairy Tales: Their Origin, Meaning and Usefulness. Springfield (Illinois): Thomas, 1974, 2. erweit. u. gründl. revid. Aufl.

Hexenwelten. Magie und Imagination vom 16.-20. Jahrhundert. Veranstaltet von der Universität des Saarlandes Fachgebiet Neuere Geschichte in Verbindung mit der Landeshauptstadt Saarbrücken Stadtgalerie. Herausgegeben von Richard van Dülmen. Frankfurt a.M.: Fischer Taschenbuch, 1987

Hunger, Herbert: Lexikon der griechischen und römischen Mythologie mit Hinweisen auf das Fortwirken antiker Stoffe und Motive in der bildenden Kunst, Literatur und Musik des Abendlandes bis zur Gegenwart. Mit 64 Bildtafeln. Wien: Hollinek, 1969, 6. erweit. u. ergänz. Aufl.

Jacoby, Mario: Die Hexe in Träumen, Komplexen und Märchen. Das dunkle Weibliche in der Psychotherapie. In: Jacoby, Mario / Kast, Verena / Riedel, Ingrid: Das Böse im Märchen. Fellbach: Bonz, 1978 („psychologisch gesehen“ 33), S. 195-212

Johnson, Buffie: Die Große Mutter in ihren Tieren. Göttinnen alter Kulturen. Aus dem Amerikanischen von Brigitte Siegel. Olten-Freiburg i. Br. : Walter, 1990

Jung, Carl Gustav: Gesammelte Werke. 20 Bde. Herausgeben von Marianne Niehus-Jung. Zürich-Stuttgart: Rascher, 1958-1970. Später herausgegeben von Lily Jung- Merker. Olten-Freiburg i. Br. : Walter, 1971-1994

Jung, Carl Gustav: Gesammelte Werke. Supplementbände Seminare Bd. 1: Kinderträume. Herausgegeben von Lorenz Jung und Maria Meyer-Grass. Olten-Freiburg i. Br.: Walter, 1987

Kaminski, Winfred: Vom Zauber der Märchen. Ein pädagogischer Leitfaden zu den Sammlungen der Brüder Grimm. Mainz: Grünewald, 1997

Kast, Verena: Der Teufel mit den drei goldenen Haaren. Vom Vertrauen in das eigene Schicksal. Zürich: Kreuz, 1984 (Weisheit im Märchen)

Kinder- und Hausmärchen. Gesammelt durch die Brüder Grimm. 2 Bde. Herausgegeben von Friedrich von der Leyen. Jena; Diederichs, 1927

Laiblin, Wilhelm: Das Urbild der Mutter. In: Märchenforschung und Tiefenpsychologie, S. 100-50

Lecouteux, Claude: Hagazussa - Striga - Hexe. In: Hessische Blätter für Volks- und Kulturforschung. Neue Folge, Bd. 18 (1985), S. 57-70

Lecouteux, Claude: Nicchus - Nix. In: Euphorion, 78. Bd. (1984), S. 280-88

Leibbrand, Annemarie und Werner: Formen des Eros. Kultur- und Geistesgeschichte der Liebe. Bd. 1: Vom antiken Mythos bis zum Hexenglauben. Freiburg i. Br.-München: Alber, 1972

Lexer, Matthias: siehe Matthias Lexers Mittelhochdeutsches Taschenwörterbuch

Leyen, Friedrich von der: Das deutsche Märchen und die Brüder Grimm. Düsseldorf-Köln: Diederichs, 1964

Lincke, Werner: Das Stiefmuttermotiv im Märchen der germanischen Völker. Nachdr. d. Ausg. Berlin 1933. Nendeln (Liechtenstein) : Kraus Reprint, 1967

Lüthi, Max: So leben sie noch heute. Betrachtungen zum Volksmärchen. Göttingen: Vandenhoeck & Ruprecht, 1976, 2. Aufl.

Märchen aus dem Jemen. Mythen und Märchen aus dem Reich von Saba gesammelt, übersetzt und herausgegeben von Werner Daum. Köln: Diederichs, 1983

Märchenforschung und Tiefenpsychologie. Herausgegeben von Wilhelm Laiblin. Darmstadt: Wissenschaftliche Buchgesellschaft, 1969 (Wege der Forschung Bd. 102)

Mallet, Carl-Heinz: … und rissen der schönen Jungfrau die Kleider vom Leib. Männlichkeitsmodelle im Märchen. Solothurn-Düsseldorf: Walter, 1995

Matthias Lexers Mittelhochdeutsches Taschenwörterbuch. 33. Aufl. (mit Nachtrag). Unveränd. Nachdr. Stuttgart: Hirzel, 1972

Meves, Christa: Erziehen und erzählen. Über Kinder und Märchen. Stuttgart-Berlin: Kreuz, 1976, 5. veränd. u. erweit. Aufl.

Mogk, Eugen: Germanische Religionsgeschichte und Mythologie. Berlin-Leipzig: de Gruyter, 1921, 2. umgearb. Aufl.

Müller, Lutz und Anette: siehe Wörterbuch der Analytischen Psychologie

Neumann, Erich: Die Bedeutung des Erdarchetyps für die Neuzeit. In: Eranos-Jahrbuch 1953. Bd. 22: Mensch und Erde. Mit 8 Kunstdrucktafeln. Herausgegeben von Olga Fröbe-Kapteyn. Zürich: Rhein, 1954, S. 11-56

Neumann, Erich: Die Große Mutter. Der Archetyp des Großen Weiblichen. Mit 243 Kunstdruckbildern und 77 Textillustrationen. Zürich: Rhein, 1956

Neumann, Erich: Über den Mond und das matriarchale Bewusstsein. In: E. N. : Zur Psychologie des Weiblichen. Umkreisung der Mitte. Aufsätze zur Tiefenpsychologie der Kultur. Bd. 2. Zürich: Rascher, 1953, S. 67-122

Neumann, Erich: Ursprungsgeschichte des Bewusstseins. Mit einem Vorwort von C. G. Jung. Zürich: Rascher, 1949

Nitschke, August: Soziale Ordnungen im Spiegel der Märchen. Bd. 1: Das frühe Europa. Stuttgart-Bad Cannstatt: Frommann, 1976

Nola, Alfonso di: Der Teufel. Wesen, Wirkung, Geschichte. Mit einem Vorwort von Felix Karlinger. Aus dem Italienischen von Dagmar Türck-Wagner. München: Diederichs, 1990

Obenauer, Karl Justus: Das Märchen. Dichtung und Deutung. Frankfurt a. M. : Klostermann, 1959

Propp, Vladimir: Die historischen Wurzeln des Zaubermärchens. Aus dem Russischen von Martin Pfeiffer. München-Wien: Hanser, 1987

Randak, Oskar: Das Märchen – Ein Spiegelbild der Grunderfahrungen und der religiösen Dimension des Menschen. Düsseldorf: Patmos, 1980

Ranke, Friedrich: Einleitung. In: Die deutschen Volkssagen. Herausgegeben von Friedrich Ranke. München: Beck, 1910, S. VII-XVII

Ranke, Kurt, Enzyklopädie: siehe Enzyklopädie des Märchens, Bd. 1-4

Ranke, Kurt, Volksmärchen: siehe Schlewig-Holsteinische Volksmärchen

Ranke, Kurt/Brednich, Rolf-Wilhelm, Enzyklopädie: siehe Enzyklopädie des Märchens, Bd. 5-12

Ranke-Graves, Robert von: Griechische Mythologie. Quellen und Deutung. Autorisierte deutsche Übersetzung von Hugo Seinfeld unter Mitwirkung von Boris v. Borresholm. Reinbek bei Hamburg: Rowohlt Taschenbuch, 1984

Reallexicon der deutschen Altertümer. Ein Hand- und Nachschlagebuch der Kulturgeschichte des deutschen Volkes. Bearbeitet von Ernst Götzinger. 2. vollst. umgearb. Aufl. mit 157 Illustrationen. Reprint d. Orig.-Ausg. Leipzig 1885. Sonderausg. Gütersloh: Prisma, 1982

Riedel, Ingrid: Die weise Frau in uralt-neuen Erfahrungen. Der Archetyp der alten Weisen im Märchen und seinem religionsgeschichtlichen Hintergrund. Olten-Freiburg i. Br. : Walter, 1989

Riedel, Ingrid: Farben – In Religion, Gesellschaft, Kunst und Psychotherapie. Stuttgart: Kreuz, 1983

Riedel, Ingrid: Formen – Kreis, Kreuz, Dreieck, Quadrat, Spirale. Stuttgart: Kreuz, 1985

Riedel, Ingrid: Frau Holle. Goldmarie und Pechmarie. Zürich: Kreuz, 1995 (Weisheit im Märchen)

Röhrich, Lutz: Märchen und Wirklichkeit. Wiesbaden: Steiner, 1964, 2. erweit. Aufl.

Rölleke, Heinz: August Stöbers Einfluß auf die „Kinder- und Hausmärchen" der Brüder Grimm. Zur Textgenese der KHM 5 und 15. In: Fabula, 24. Bd (1983), S. 11-20

Rölleke, Heinz, Grimms Märchen: siehe Grimms Märchen

Rötzer, Hans Gerd: Märchen. Themen - Texte - Interpretationen Bd. 1. Bamberg: Buchner, 1982

Sagen aus Tirol. Gesammelt und herausgegeben von Ignaz V. Zingerle. Mit einem neuen Vorwort von Hans Biedermann. Nachdr. d. 2. vemehr. Aufl. Innsbruck 1891. Graz: Verlag für Sammler, 1969

Salber, Wilhelm: Märchenanalyse. Bonn: Bouvier, 1999, 2. erweit. Aufl.

Schäfer, Marzella: Märchen lösen Lebenskrisen. Tiefenpsychologische Zugänge zur Märchenwelt für Eltern und Erzieher. Freiburg i. Br.-Basel-Wien: Herder, 1983

Scherf, Walter: Das Märchenlexikon. 2 Bde. München: Beck, 1995

Scherf, Walter: Die Herausforderung des Dämons. Form und Funktion grausiger Kindermärchen. Eine volkskundliche und tiefenpsychologische Darstellung der Struktur, Motivik und Rezeption von 27 untereinander verwandten Erzähltypen. Mit ausführl. Reg. u. e. Ausw. bildl. Darstell. von Elisabeth Scherf. München- NewYork-London-Oxford-Paris: Saur,1987

Scherf, Walter: Die Hexe im Zaubermärchen. In: Hexenwelten, S. 219-52

Scherf, Walter: Lexikon der Zaubermärchen. Mit 20 ausgewählten Textillustrationen. Stuttgart: Kröner, 1982

Scherf, Walter: Rezensionen zu „Vladimir Propp: Die historischen Wurzeln des Zaubermärchens“ und zu „Jochen Stork (Hrsg.): Das Märchen – ein Märchen?“. In: Bayerisches Jahrbuch für Volkskunde 1988, S. 225f u. 231

Scherzberg, Lucia: Grundkurs Feministische Theologie. Mainz: Grünewald, 1995

Schleswig-Holsteinische Volksmärchen (ATh 300 - 402). Aus den Sammlungen der Kieler Universitätsbibliothek, der Schleswig-Holsteinischen Landesbibliothek und des Germanistischen Seminars der Universität Kiel. Herausgegeben und mit Anmerkungen versehen von Kurt Ranke. Kiel: Hirt, 1955

Schliephacke, Bruno P. : Bildersprache der Seele. Kleines Lexikon zur Symbolpsychologie. Das zeitlose Wesen symbolischer Gestalten in Märchen, Mythen, Sitten, Gebräuchen und Träumen. Berlin: Telos, 1970

Schliephacke, Bruno P. : Märchen, Seele und Sinnbild. Neue Wege zu altem Wissen. Münster: Aschendorff, 1974

Thimme, Adolf: Das Märchen. Leipzig: Heims, 1909

Thomä, Helmut: Anorexia nervosa. Geschichte, Klinik und Theorien der Pubertätsmagersucht. Bern-Stuttgart: Huber-Klett, 1961

Türcke, Christoph: Sexus und Geist. Philosophie im Geschlechterkampf. Frankfurt a. M.: Fischer Taschenbuch, 1991

Und wenn sie nicht gestorben sind ... Perspektiven auf das Märchen. Herausgegeben von Helmut Brackert. Frankfurt a. M.: Suhrkamp, 1980

Vordemfelde, Hans: Die Hexe im deutschen Volksglauben. In: Festschrift Eugen Mogk zum 70.Geburtstag 19. Juli 1924. Mit einer Zusammenstellung der Schriften Eugen Mogks von Elisabeth Kary-Gasterstädt und einführenden Worten von Konrad Burdach. Halle a. d. S.: Niemeyer, 1924, S. 558-74

Voss, Jutta: Das Schwarzmond-Tabu. Die kulturelle Bedeutung des weiblichen Zyklus. Stuttgart: Kreuz, 1993, 4. Aufl.

Walker, Barbara G. : Das geheime Wissen der Frauen. Ein Lexikon. Die deutsche Übersetzung herausgegeben von Dagmar Kreye. Frankfurt a. M.: Zweitausendeins,1993

Wasserziehr, Gabriele: Märchen für Erwachsene. Symbolische Lektüren. Frankfurt a. M.: Fischer Taschenbuch, 1997

Wieland-Burston: Einsamkeit. Zeiten des Rückzugs – Zeiten der Entwicklung. Aus dem Amerikanischen übertragen von Olga Rinne. Zürich: Kreuz, 1995 (Phänomene unserer Zeit)

Wilpert, Gero von: Sachwörterbuch der Literatur. Stuttgart: Kröner, 1969, 5. verbess. u. erweit. Aufl.

Wilpert, Gero von, dtv-Lexikon: siehe dtv-Lexikon der Weltliteratur

Winter, Elisabeth: Ur- und Endfassung des Grimmschen Märchens „Hänsel und Gretel". In: Rötzer, S. 223-34

Winterstein, Alfred: Die Pubertätsriten der Mädchen und ihre Spuren im Märchen. In: Märchenforschung und Tiefenpsychologie, S. 56-70

Wittgenstein, Ottokar Graf: Märchen, Träume Schicksale. Düsseldorf-Köln: Diederichs, 1965

Wittmann, Alfred: Die Gestalt der Hexe in der deutschen Sage. Bruchsal: Kruse, 1933. Univ. Heidelberg, Phil. Diss.

Wörterbuch der Analytischen Psychologie. Herausgegeben von Lutz und Anette Müller. Düsseldorf-Zürich: Walter-Patmos, 2003.

Wörterbuch der Feministischen Theologie. Herausgegeben von Elisabeth Gössmann, Elisabeth Moltmann-Wendel, Herlinde Pissarek-Hudelist, Ina Praetorius, Luise Schrottroff und Helen Schüngel-Straumann. Gütersloh: Mohn, 1991

Zimmer, Heinrich: Abenteuer und Fahrten der Seele. Der König mit dem Leichnam und andere Mythen, Märchen und Sagen aus keltischen und östlichen Kulturbereichen. Darstellung und Deutung. Mit einem Vorwort von Lucy Heyer-Grote. Übersetzung aus dem Englischen von Johannes Piron und Lucy Heyer-Grote. Gesammelte Werke 4. Bd. Zürich-Stuttgart: Rascher, 1961

Zingerle, Ignaz und Joseph: Kinder- und Hausmärchen aus Süddeutschland. Mit einer Einleitung von J. W. Wolf. Nachdr. d. Ausg. Regensburg 1854. Hildesheim-New York: Olms, 1975

Zingerle, Ignaz V., Sagen: siehe Sagen aus Tirol

Zingsem, Vera: „Der Himmel ist mein, die Erde ist mein". Göttinnen großer Kulturen im Wandel der Zeiten. Tübingen: Klöpfer & Meyer, 1995